欠陥・手抜きが見抜ける、いい家をつかむ

これから建売住宅を買う人の必携本！
絶対に買ってはいけない欠陥建売住宅の見分け方

「アウトーッ」
その住宅は買うな!!

建築監理・耐震診断協会[監修]
欠陥住宅を防ぎ耐震補強を推進する会[編]

技報堂出版

はじめに

　建売住宅のモデルルームを見学に行った経験のある方ならおわかりだと思いますが、モデルルームは、本当に素晴らしいものに感じられます。綺麗な外観、美しいキッチン、最新のバス、トイレ、……etc。同行している奥様はもう、ウットリ。すぐにでも契約をしたくなってしまいます。

　しかし、ちょっと待って下さい！　実は建築に関するトラブル、特に欠陥住宅のトラブルは、この建売住宅に関するものが圧倒的に多いのです。建売住宅を購入する時、その善し悪しを判断する上での大きな問題点は、建築工事が既に完了してしまっているため、建物の構造部分を見ることが困難で、設計図面どおりに施工されているかどうか、確認しづらいこと、どのような工事を、どのような会社、どのような人が、どのような手順・精度で行ったのかがわからないことの2点です。

　例えば、地盤はどんな状態であったのか、基礎は図面どおりにできあがっているか、床下は防湿処置がしっかりとされているか、柱、筋交いは確実に固定されているか、各建築金物は緩みなく締め付けられているか、断熱材は隙間なく配置されているか、壁の下地処理は適切かなどなど……。このような部分に手抜きや不適切な工事がなされていると、将来的に不具合が発生してくる可能性があります。逆に言えば、そこが評価のポイントなのです。以下に建売住宅の代表的な欠陥事例とその原因を列挙しますが、建売住宅の事前評価がなかなか困難であることがおわかりいただけると思います。

事　例	原　因
1）雨漏りがする。	屋根の施工不良。
	防水工事の施工不良。
2）キッチン、バスから漏水する。	配管工事の施工不良。
3）家が傾き建具の開閉ができない。	軟弱地盤。基礎工事不良。
4）断熱、防音が悪い。	断熱材工事不良。内装工事不良。
5）床なりがする。	軟弱地盤。基礎工事不良。床組み工事不良。

　住み始めてすぐに「どうもおかしいなあ」、「何か変だぞ」と気づくこともありますが、数年が経過してから症状に気づくことも多々あります。そして、その原因によっては、もう手の施しようがなかったり、莫大な改修工事費がかかってしまうことがありますので、購入前にできる限りの注意をはらう必要があることを十分ご理解いただけることと思います。ましてや、一生のうちで、おそらく一番高価な買い物です。また、長く使用しなければならないものです。慎重の上にも慎重にならなければいけません。

　一方、建売住宅は、何棟かをまとめて建築するので、建築費を安価に抑えることができることから、購入価格が安いことは利点の一つです。また、逆の発想で実際に現物を見てから購入できることも利点と考えられます。したがって、多くのトラブル、問題が発生する可能性があることを十分に理解し、その要因を事前に発見できるとすれば、優良物件を安価に手に入れることができるのです。

　しかし、残念なことに実際には建売住宅の欠陥トラブルは後を絶ちません。皆様の周りでも大小様々な失敗例があるのではないでしょうか。本書は、建売住宅を購入する方が万が一にでも欠陥住宅や手抜き工事住宅をつかまないようにするために書かれました。NPO法人「欠陥住宅を防ぎ耐震補強を推進する会」の知識と経験が、ぎっしりと詰めこまれています。本書が建売住宅を購入する人の「バイブル」になることを祈っております。

本書の使い方

　建売住宅のモデルルームを見学に行きますと、営業の人が簡単な間取り図をくれます。そして、その間取り図に従っていろいろと説明をしてくれるはずです。素敵な建物を見てうわの空で説明を聞き、納得してしまう……。

　そんなことでは心配です。たくさん質問することや確認することがあるはずです。ええっ!! わからない？

　そんなときには、このチェックブックが必ず役に立ちます。このチェックブックに書かれている項目をしっかりと質問し確認して下さい。営業の人も「これは通り一遍の説明では満足してもらえないな」と気を引き締め、おろそかな対応はしないでしょう。

　皆さんにとっては一生に一度あるかないかの大きな買い物ですが、業者にとっては扱い慣れた商品の一つでしかありません、自ずと対応の仕方も違います。くれぐれも見かけや営業トークに騙されたり、ごまかされないよう、このチェックブックで慎重に確認、検討してください。

　まず最初にいくつかの物件を比較してみましょう。その上で、気に入った物件が見つかったら、本書を使用して建物のチェックを行ってください。

　もし、

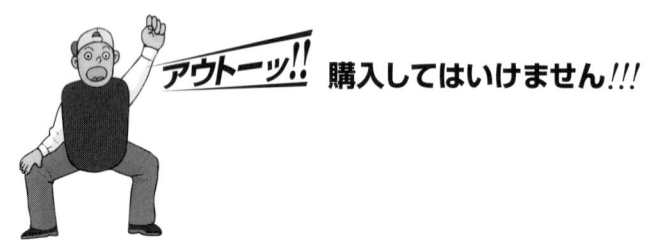

に該当したら、業者の人がどんなに言い訳をしても買わない方がベターです。その部分の問題が解決しても、他に問題が隠されている可能性が非常に高いと思われます。家を購入するとき、建築の知識や経験がないと、はたして購入して良いのか悪いのかを判断することは非常に難しいものです。わからないことがたくさん出てくると思います。でも、おまかせください。本書に従えば大丈夫です。読み進めていただければおわかりになりますが、「建築豆知識」をできるだけ多く設け、詳しく説明してありますので誰にでも理解していただきやすい内容となっています。

　「それでも解らないことがあれば、どうしたらいいの？」

　そういう方も安心して下さい。「お助けメール」があります。「お助けメール」とはこのチェックブックを購入してくださった皆様を NPO 法人「欠陥住宅を防ぎ耐震補強を推進する会」が全面的にバックアップするシステムです。疑問、質問なんでもメールしてください。弊社のスタッフが無料で親身になってメールでお答え致します。

　では用意はよいですか？　始めましょう、チェック、チェック、チェックといきましょう！

目 次

第 I 編 物件の選び方 1

1. 広告の種類 2
   - 1.1 新聞広告 2
   - 1.2 折り込みチラシ 2
   - 1.3 捨て看板・電柱ビラ 3
   - 1.4 インターネット 3
   - 1.5 情報誌 3
2. 広告内容の見方 4
   - 2.1 広告の重要事項 4
   - 2.2 販売の形態 7
3. 購入物件の立地条件確認 9
   - 3.1 交通の便 9
   - 3.2 周囲の環境 11
   - 3.3 地型と道路付け 12
4. 業　者 14
   - 4.1 業者の選び方 14
   - 4.2 信頼できる業者とできない業者 16
   - 4.3 営業マン 17

第 II 編 物件のチェック 19

1. 図面・仕様書 20
   - 1.1 図　面 20
   - 1.2 仕様書 21
2. 地　盤 24
   - 2.1 地盤調査 24
   - 2.2 地盤調査報告書 25
   - 2.3 地盤強化方法 26
3. 基　礎 28
   - 3.1 基礎の種類 28
   - 3.2 基礎工事写真 28
   - 3.3 基礎の出来形 30
4. 建物本体 31
   - 4.1 防腐・防蟻処理 31
   - 4.2 建築工法 32
   - 4.3 工事写真 35
5. 室　内 36
   - 5.1 玄　関 36
   - 5.2 廊下・階段 39
   - 5.3 台　所 40
   - 5.4 リビング 41
   - 5.5 洗面所 42
   - 5.6 浴　室 44
   - 5.7 トイレ 45

　　　　　5.8　洋　室 …… 46
　　　　　5.9　和　室 …… 47
　　6. 外　装 …… 49
　　　　　6.1　屋　根 …… 49
　　　　　6.2　外　壁 …… 51
　　7. 外　構 …… 53
　　　　　7.1　駐車場 …… 53
　　　　　7.2　門　扉 …… 54
　　　　　7.3　その他 …… 55

第Ⅲ編　契　約 …… 57

1. 契約前にすること …… 59
　　1.1　購入の意思表示 …… 59
　　1.2　重要事項説明 …… 60
2. 契　約 …… 64
　　2.1　不動産売買契約書 …… 64
　　2.2　手付け金の支払い …… 67
3. 契約後の手続き …… 68
　　3.1　融資の申し込み …… 68
　　3.2　融資決済 …… 68
　　3.3　残金の支払い、登記書類・鍵の受け渡し …… 68

第Ⅳ編　シックハウス症候群 …… 69

1. 症状と原因 …… 70
　　1.1　シックハウス症候群とは …… 70
　　1.2　シックハウス症候群の原因 …… 71
2. シックハウス症候群対策 …… 72
　　2.1　建築基準法に定められた対策 …… 72
　　2.2　購入者が行う対策 …… 75

第Ⅴ編　地震と建物 …… 77

1. 地　震 …… 78
　　1.1　地震の種類 …… 78
　　1.2　地震による建物倒壊 …… 79
2. 耐　震 …… 81
　　2.1　耐震・制震・免震構造 …… 81
　　2.2　耐震診断 …… 82
3. 建売住宅の耐震度チェック …… 83
　　3.1　資料のチェック …… 83
　　3.2　間取りのチェック …… 84

第Ⅵ編　入居後の手入れ …… 85

1. 日常の手入れ …… 86
2. メンテナンスの目安 …… 89

付　録　知っておきたい基本用語 …… 91

第Ⅰ編

物件の選び方

　物件選びは、何を基準としたらよいのでしょうか。見た目重視の方もいれば、使い勝手を重視する方もいるでしょう。また、何よりも通勤に便利なことが最も重要なファクターと考える方もいるでしょう。それぞれ、最も重要視していることが合格点の物件を見つけてしまうと、ほとんどの方が満足してしまい、その物件に決めてしまいます。本当にそれでよいのでしょうか。これから何年も住み続ける家です。将来のことも十分に検討しましたか。見落としていることはありませんか。

　第1編では、効率よく物件選びをするための手法を伝授します。

1. 広告の種類

　住宅を購入しようと考えたら、まずは関連する情報を収集する必要があります。新聞広告、折り込みチラシ、捨て看板・電柱ビラ、インターネット、情報誌、等々。現在は様々な方法で情報が発信されています。いかにスピーディに、効率よく、必要な情報を選り分けて収集するかは皆さんのアンテナの張り方次第です。そうして得た情報を上手に整理して活用してください。

1　新聞広告

　業者が、建売住宅の新聞広告を利用する場合はやはり大規模開発の物件が多いようです。何十棟かの分譲建売でなければなかなか広告費がペイできないからです。しかし、最近はこの大規模開発自体が少なくなってきています。数棟から多くて10棟くらいの小規模な分譲が圧倒的に多いのが現状です。したがって、新聞広告の建売情報は少なくなってきているようです。

2　折り込みチラシ

　土日の新聞には驚くほど多くの不動産に関する折り込みチラシが入ってきます。時には新聞自体よりも厚いくらいの不動産チラシを皆さんも目にしたことがあるのではないでしょうか。
　この折り込みチラシには次の2種類のものがあります。

1) 複数の不動産情報が書かれているチラシ

　マンションから新築一戸建てまでの様々な情報が記載されているチラシの目的・狙いは一度に多くのお客様の注意を集めることです。
　確かにそのような意味では、広告主からしてみれば効果的な宣伝媒体です。しかし、逆の立場から見ると、限られた紙面スペースでは、個々の物件に関する有効かつ豊富な情報を得ることができず、意味がないともいえます。また、なかには不良物件が含まれていたり、おとり広告の可能性もあるので注意が必要です。おとり広告とは、買い手にとって魅力ある物件を掲載しておき、問い合わせが来ると「もう売れました。同じような物件をご案内します。」と言って違う物件を紹介することを言います。

2) 1物件か2物件程度を広告するチラシ

　これは販売エリアを絞り込んで行う宣伝広告です。その物件の売買契約を成約させたいとする、業者の意識がはっきり打ち出されていると言えます。物件の詳細情報も掲載されているので、情報収集の材料としては有効であると言えます。

3 捨て看板・電柱ビラ

電柱に立てかける捨て看板や、貼り付けるビラなどは、その行為自体が違法です。

その掲載内容も「頭金なし」、「月々の返済は6万円だけ」などの興味を引くためだけのものが多く、問い合わせ先が携帯番号になっているものまであります。

大切な住宅の購入ですから、そのような業者を選ぶことは決してしないほうが賢明です。

捨て看板

4 インターネット

自宅にいながら広範囲な情報を手に入れることができます。最近では業者もインターネットでの広告に力を入れていますので多くの情報を得ることができます。地域や沿線の絞り込みや現状の価格、相場などを把握するために利用すると便利です。

5 情報誌

活用の仕方についてはインターネットと同じですが、情報が発信されてから、情報誌自体の製作に要する日数等を考えると、インターネットに比較して、迅速性に若干劣ることはやむを得ません。

CHECK POINT!

☐ 001　検討している物件は捨て看板・電柱ビラで見つけた物件ですか。

もし、そうであれば……

アウトーッ!! **購入してはいけません!!!**
信頼できる業者であるか、大いに疑問です。
トラブルになる可能性が高いと思われます。

2. 広告内容の見方

1 広告の重要事項

　不動産広告には、表示することを禁止されている事項、必ず表示しなければならない事項などいろいろな規制があります。そのような中で各社とも宣伝効果を少しでも高くしようと工夫しています。以下の項目が物件情報として重要な項目と言えますが、これらについては、広告の片隅に極々小さく表示されているのが現状です。

　1) 所在地：この販売物件の代表的な区画の登記番号が表示されています。
　2) 交通：最寄りの駅からの距離や所要時間が表示されています。
　3) 地目：宅地であることを確認しましょう。
　4) 地域・地区：都市計画法による用途地域の種類が表示されています。
　5) 建ぺい率：都市計画法に定められている建ぺい率が表示されています。
　6) 容積率：都市計画法に定められている容積率が表示されています。

　建ぺい率、容積率オーバーは違法です。したがって確認申請は通りませんし、当然、検査済証も受けられません。検査済証がなければ住宅金融公庫や銀行からの融資を受けることができませんので注意してください。また将来的なことでは、増改築する際に現在の検査済証がなければ、確認申請を受け付けてもらえないこともあります。

CHECK POINT!

□ 002　検査済証はありますか。確認しましたか。

もし、なければ……

　アウトーッ!!　**購入してはいけません!!!**
　　　　　違法建築された物件かもしれません。
　　　　　そのような物件を勧める業者とは、すぐにでも縁を切りましょう。

　7) 総区画数：販売される総区画数が表示されています。
　8) 建物の構造・規模：例えば木造2階建て・2×4（ツーバイフォー）工法と表示されています。
　9) 敷地面積：敷地の面積が表示されています。
　10) 建物面積：延べ床面積が表示されています。間取りも重要ですが建物の大きさはやはり面積で把握するほうが良いでしょう。
　11) 間取り：ご存じのとおり、どれくらいの広さの部屋がどのように配置されているかが表示されています。
　12) 販売価格：最低価格と最高価格が表示されています。
　13) 最多価格帯：販売戸数の一番多い価格帯が表示されています。

14) 私道負担：土地の一部として私道が含まれているかどうかを表しています。
15) 設備：電気、上下水道、ガスについて書かれています。

建築豆知識

- **用途地域**……都市計画法により、建築物の用途・容積・形態についての制限を定める地域のことです。用途地域の種類は次のとおりです。居住に適しているのはやはり「住居専用地域」と言えます。商業地域もいろいろと便利な点がありますが北側斜線の制限がないために、将来高いビルや建物が隣接して建築される可能性があり、一戸建ての住居では日照権が悪化することにもなりかねません。購入時には問題なくても、将来的にはどうなるのかわかりません。やはり住居地域をお奨めします。

  ① 第一種低層住居専用地域……3階建てまでの低層住宅に良好な住居環境であるための様々な制限があります。住宅のほかには学校・住居併用店舗などが建築を許されています。

  ② 第二種低層住居専用地域……第一種低層住居専用地域より規制は緩やかで150 m^2 以下の店舗・事務所・飲食店が建築を許されています。

  ③ 第一種中高層住居専用地域……第一種低層住居専用地域と同じ環境で中高層マンションも建築できます。店舗・事務所・飲食店は500 m^2 以下なら建築が許されています。

  ④ 第二種中高層住居専用地域……第一種中高層住居専用地域と同じ条件で店舗・事務所・飲食店なら1,500 m^2 以下の建築が許されています。

  ⑤ 第一種住居地域……住環境を守る規制があります。店舗・事務所・飲食店は3,000 m^2 以下なら建築が許されています。

  ⑥ 第二種住居地域……第一種住居地域よりは若干緩やかな規制があります。

  ⑦ 準住居地域……居住環境を乱さない程度の施設が、住宅と混在する環境の地域。劇場も200 m^2 以下なら建築が許されています。

  ⑧ 近隣商業地域……近隣の住宅地域の住民のための店舗・事務所・飲食店の利用を促進する地域。劇場は200 m^2 以下なら建築が許されています。

  ⑨ 商業地域……店舗・事務所の利便性を促進する地域。

  ⑩ 準工業地域……住環境の悪化をもたらすことのない工業の利便をはかる地域。

  ⑪ 工業地域……工業の利便をはかる地域。

  ⑫ 工業専用地域……なお一層の工業の利便をはかるための専用地域。

- **建ぺい率**……パーセントで表示されます。土地の面積に対して上から見た建物の面積の割合を表しています。例えば建ぺい率が40パーセントで土地が50坪なら20坪までの家を建てることができます。

- **容積率**……これもパーセントで表示されます。土地の面積に対して建物の延べ床面積の割合を表しています。例えば容積率が80パーセントで土地が50坪なら建物の延べ床面積（1階、2階もしくは3階の床面積をすべて合わせた面積）が40坪までの家を建てることができます。

16) 道路：接地している道路について書かれています。基本的に、建築基準法上の道路に敷地が2m以上接していなければなりまません。(接道義務といいます。特例もあり、地域によってはさらに厳しい基準となっている場合もあります。)

CHECK POINT!
□ 003　建築基準法上の道路に敷地が最低2m以上接していますか。

17) 建築確認番号：確認申請の審査に通ると確認通知書と呼ばれる書類が発行されます。建築主は確認通知書を受け取って初めて工事を始めることができますが、この確認通知書に表示されている番号のことです。
18) 建物竣工予定：建物ができ上がる予定の時期が書かれています。
19) 入居予定：入居予定時期が書かれています。一般的には建物ができ上がってから1ヶ月後くらいになります。
20) 設計・施工：設計・施工業者の名前が表示されています。
21) 手付け金の保全機関：買い手が1,000万円を超える手付け金を払った時など、保証会社が発行する手付け金等保証書が渡されることになっています。
22) 売り主：販売会社が書かれています。
23) 広告有効期限：その広告の有効期限が書かれています。

建築豆知識

- **私道負担**……私道負担については、重要事項説明書に記載されなければならない事項ですが、広告でも明示しなくてはならないことは言うまでもありません。なお、私道の所有の仕方には以下のようなパターンがあります。
  ① 一つの私道を数人が共同で所有しているパターン。
  ② 私道をいくつかの土地に分割し、それぞれの持ち分として所有しているパターン。
  ③ 昔からの地主さんなどが一括して所有しているパターン。
  　私道は、公道と違い、その名のとおり所有者の土地ですので、例えば水道の配管を埋設する場合など、所有者に承諾を得なければなりません。また、建ぺい率や容積率は私道部分を控除した敷地面積を基準にして計算されていますので、広告で「私道含む」とか「私道負担あり」といった表示がされている場合は、勘違いしないように注意しなければなりません。

- **建築基準法上の道路**……建築基準法第42条に規定されている道路のことです。いろいろと例外もありますが、原則として幅員が4m以上なければなりません。4mという数値には、車2台がすれ違うことのできる最低限必要な幅を確保するという意味があります。いざというときに緊急車両(消防車や救急車など)が進入できる道路幅を確保するためと言うこともできるでしょう。

2 販売の形態

皆さんは、新聞の折り込みチラシなどで建売住宅の広告を目にすることが多いと思いますが、その広告の中に「売り主」、「媒介」や「仲介」などの言葉を見たことがあると思います。さて、何のことでしょうか。これはその物件の販売形態を表しています。以下にそれぞれの意味を説明します。

1) **売り主** 分譲している会社が直接販売している形態です。そのため販売手数料は不要です。購入価格は、表示金額に消費税を合算した金額になります。分譲業者との直接取引になるので、建築会社も明確にわかり、メンテナンスなどにもスムーズに対応してもらえるという長所があります。

建築豆知識

○**道路に接していない敷地の場合**

広い土地を細分化して、それぞれの敷地に建築物を建てようとした場合、道路から奥まった土地(道路に接していない土地)には家が建てられないのでしょうか。そんなことはありません。

以下のような方法で建築基準法上の道路を確保すれば大丈夫です。

- **位置指定道路**

特定行政庁から道路位置指定を受けた私道を、一般に「位置指定道路」と呼んでいます(建築基準法第42条第1項第5号)。

これは建築基準法上の道路と見なされますので、この道路に接していればよいのです。要するに、お役所に申請して、建築基準法上の道路をつくるのです。

- **敷地延長**

建築基準法上の道路まで、最低2m幅の通路をつくります。これにより接道義務に違反しないこととなります。

敷地全体の形状が旗に竿を付けた形に似ていることから「旗竿敷地」などということもあります。

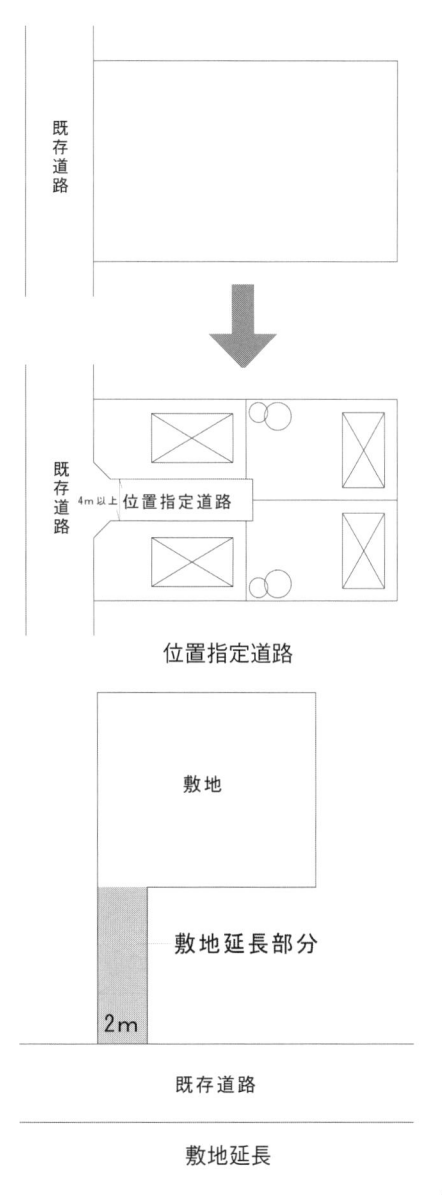

2) **代理** これは物件の販売会社が、分譲している業者から販売代理権を獲得して、売り主に代わって販売している形態です。分譲会社の系列業者が販売することが多いようです。販売手数料は分譲業者が負担するので、購入者は負担する必要がありません。購入金額は、本体価格と消費税を合算した金額になります。

3) **媒介・仲介** これは不動産業者が、分譲業者や他の不動産業者から物件の販売を依頼されている形態です。この場合は、購入者は販売手数料を媒介・仲介業者に支払わなければなりません。手数料は法律で定められていて、「手数料＝取引金額×3.15％＋63,000円」です。媒介はさらに次のような形態に分かれます。

① 専属専任媒介：1社の不動産業者がその物件を独占的に販売していることを表しています。
② 専任媒介：1社の不動産業者のみが販売依頼を受けていますが、分譲主も販売を行う形態です。
③ 一般媒介：通例「媒介」と表されています。これは分譲業者が数社の不動産業者に販売を依頼している形態または、専任の不動産業者が他の業者に販売を依頼している形態のことです。

媒介・仲介の場合はいずれの形態でも、購入者は、販売手数料を支払わなければならないので差がないように感じられます。しかし、一般媒介（媒介と表示されている）の場合、言葉は悪いですが、分譲物件の売れ残りを販売していることがあります。売れ残り＝不良物件とは言えませんが、何らかの不具合があったのかもしれません。そのようなことも考慮し、購入するときは慎重に対応してください。また、分譲会社や建築会社との間に何社かの不動産業者が介在しているので、購入後のメンテナンスなどについて責任の所在が曖昧となり、トラブルが発生しやすいと言えます。事前に責任体系を明確にしておくことが重要です。

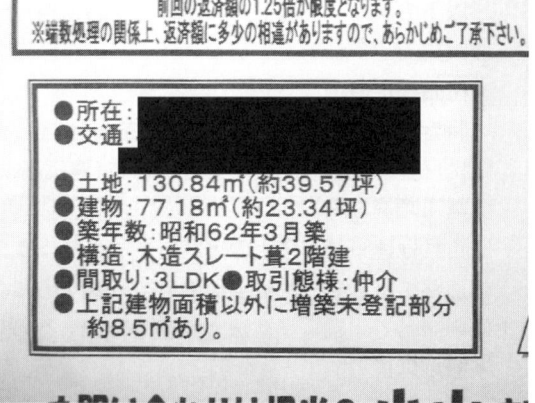

広告の例

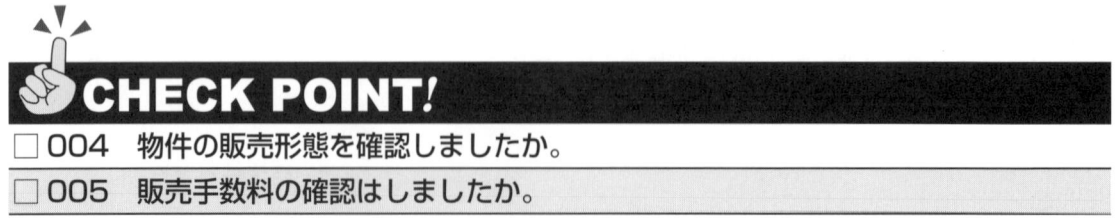

☐ 004　物件の販売形態を確認しましたか。
☐ 005　販売手数料の確認はしましたか。

3. 購入物件の立地条件確認

建売住宅を購入する時に重要なことは、間取りや建物のチェックだけではありません。立地条件も重要な確認事項です。いくつかの物件に絞った段階で、それぞれの立地条件を比較検討してみましょう。土地・建物は財産です。したがって、将来売る時のことも考慮しなければなりません。少なくとも以下の項目については確認し、検討しておきましょう。

(1) 交通の便
(2) 周囲の環境
(3) 地型と道路付け

ところで、いくつかの物件を比較するまでもなく、とても気に入った物件が見つかり、それに決めたという方は、本書では次章「第Ⅱ編　物件のチェック」まで読み飛ばしていただくことになります。しかし全く比較をする物件がないというのはいかがなものでしょうか。真剣にいろいろ探してみましたか？ 妥協していませんか？ 業者を含め第三者の言葉を鵜呑みにしていませんか？ 老婆心ですが、そのような方は得てして後で後悔することが多いようです。今一度心新たにし、面倒がらずに最低でも3物件はあたな自身の目で確認し比較検討することが、必ず良い結果につながると考えます。「急がば回れ」です。

1 交通の便

次頁に示す項目について比較してください。建物は建て直すことができても、立地条件は変えることができません。買い物、通勤、通学は毎日のことです。当然ながら、その利便性の確認は必要事項です。慎重に調査してください。

休日だけでなく平日にも足を運びましょう。自分の休日に合わせて下見をすることがほとんどだと思いますが、日曜日などの休日と平日では交通状況も違います。バス利用が必須となる地域であればなおのこと、定刻どおりに発着するか、駅までの所要時間はどれくらいかなどの事前確認は重要です。

MEMO

物件名	( )	( )	( )
最寄りの駅名			
最寄りの駅からの所要時間			
最寄りのバス停名			
最寄りのバス停からの所要時間			
勤務先までの所要時間			
通園、通学先までの所要時間			
役所までの所要時間			
金融機関までの所要時間			
スーパー・商店街までの所要時間			
コンビニまでの所要時間			
病院までの所要時間			
警察署までの所要時間			

＊空欄は家族独自に生活する上でキーとなる目的地を記入して比較しましょう。例えば習い事の教室や実家など。

2 周囲の環境

　生活する上で便利な場所は、往々にして環境面に問題が少なくないことがあります。緑が少なかったり、騒音のレベルが高かったりなど。今の時代、両者を同時に求めるのは、なかなか困難なものです。家族で話し合い、前もって諸条件の優先順位をはっきりと決めておく必要があります。なお、交通量、騒音、振動、悪臭などは、休日よりも平日に現地を確認する方が有効です。

　逆に観光地、有名なテーマパーク、競馬場などの近隣は、休日に見に行った方が問題点を明確にとらえることができます。自宅前の細い道が、実は通勤の有名な抜け道で、平日は予想外に交通量が多く、驚いたという話もあります。何回も現地に足を運びましょう。できることなら、家族全員で行くことをお奨めします。いろいろな観点から現地確認することができるからです。家族ごとに生活様式が違うように、家族個々のこだわりや要望は違います。個々の独自なチェック項目を作って確認しましょう。

物件名	(　　　　　)	(　　　　　)	(　　　　　)
・日当たり 　原因として考えられること	良・普・悪	良・普・悪	良・普・悪
・騒音 　原因として考えられること	良・普・悪	良・普・悪	良・普・悪
・悪臭 　原因として考えられること	良・普・悪	良・普・悪	良・普・悪
・振動 　原因として考えられること	良・普・悪	良・普・悪	良・普・悪
・治安状態	良・普・悪	良・普・悪	良・普・悪
・近くに公園	有・無	有・無	有・無
・近隣の交通量	多・普・少	多・普・少	多・普・少
・ゴミ置き場	近・遠	近・遠	近・遠

＊空欄は特別に環境に影響を与えるものや家族独自に生活する上でキーとなる項目を記して比較してください。例えば、ゴミ処理施設、飛行場など。

3 地型と道路付け

1）地型

地型とはあたりまえのことですが、土地の形のことです。やはり一番勝手が良いのは四角形をした土地です。家を建てるときに、土地の使用効率が良く、転売するときの買い手にとっても利用しやすいことが魅力になります。特に、南や東の方向に向いている敷地は有効に活用できます。

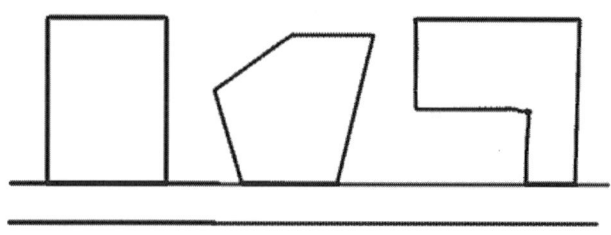

四角い土地　　不整形な土地　　敷地延長の土地

都市部の建売住宅でよく見かける敷地延長の地型は、延長部分を駐車スペースなどにして有効に使用されているように見えますが、やはり将来転売することを考えると、好ましくありません。

傾斜地の土地や崖に近い土地についても同様です。

建築　豆知識

- 「地上権付きの建売住宅」と「借地権付き建売住宅」……数は多くありませんが、建売住宅には「地上権付きの建売住宅」と「借地権付き建売住宅」というものがあります。これは土地を所有するという行為から、土地を使用するという行為へ視点が移行してきた中で生まれてきた形態であると言えます。

① 地上権付き建売住宅

　土地の所有者から土地を使用する権利を得て、その土地に建てられた建売住宅のことです。地上権とは、土地の所有権ではありませんが、所有権者の承諾なしに売買することができます。一般的に地上権は土地の価格の約半額で取得することができます。さらに将来残額を支払い底地権を買い取れば所有権を取得することもできます。当然ながら今後、地代の支払いが必要であることは忘れてはなりません。

② 借地権付き建売住宅

　これは50年以上の借地契約をした土地に建売住宅を建てたものです。契約が満期になった時点で借地人は土地を更地にして返却しなければなりません。メリットとして土地を購入する場合に比較してはるかに安い価格で建売住宅を取得できることが挙げられます。最近見かけるようになった形態ですが、これにより価格が高く手のでないような地域にも、家を持つことが可能になってきました。

　一方、借地権の売買には地主の承諾が必要であったり、借地契約の更新をすることができない、将来その土地を購入することができないなど、地上権付き建売住宅とは条件がかなり違います。なお、地代が必要なことは言うまでもありません。

2）道路付け

道路付けとは、敷地がどのような道路に、どう接しているかということを表しています。

一般的には、広い道路になるべく長く接していることが好ましいとされています。さらに、敷地の南側に道路があると、日照を妨げる位置に建物を建設できないため良いとされています。しかし、都市部などで高層建造物が建築できるところでは、例外もありますので注意してください。

物件名	(　　　　　　)	(　　　　　　)	(　　　　　　)
地　形	四角・不整形・敷地延長	四角・不整形・敷地延長	四角・不整形・敷地延長
道路面と敷地面の段差	有り・無し	有り・無し	有り・無し
敷地には階段で入りますか	Y・N	Y・N	Y・N
近隣に崖はありますか	有り・無し	有り・無し	有り・無し
面している道路の幅	(　　　)メートル	(　　　)メートル	(　　　)メートル
道路に接する敷地の長さ	(　　　)メートル	(　　　)メートル	(　　　)メートル
道路の面している方角	東・西・南・北	東・西・南・北	東・西・南・北
高層建造物が建築できる地域ですか	Y・N	Y・N	Y・N
・			
・			
・			

ちょこっとコラム

● 風邪をひいてるときは……

　風邪を引いているときは物件探しに行かない方が無難です。「家でゆっくり休養していた方が体に良いから？」当然、そういうことも言えます。これから家を買おうというのに病気になっていては、幸先が良いとは言えないですから。でも、ここで言いたいのはそういうことではありません。「風邪を引いて鼻が利かないこと」が困ると言っているのです。家のチェックは「目」だけでするわけではありません。「耳」も「鼻」も使うのです。特に「鼻」の役目は重要です。鼻がつまっていると判断を誤ってしまうことがあります。

　まずは、排水口です。水を流してから排水口に鼻を近づけて息を吸ってみてください。イヤな臭いがしてきませんか。臭いがするようだと「排水トラップ」が適正に取り付けられていないか、「排水トラップ」の大きさが不適切かのどちらかです。次に、1階の日当たりが良くないところでも深呼吸。カビの臭いはしませんか。日本の住宅はほとんどが木造です。湿気は大敵です。新築の家でカビ臭かったら大問題です。風邪をひいているときに物件探しをしない方が良い本当の理由をおわかりいただけましたでしょうか？

4. 業者

　建売住宅を購入するときに失敗しない方法はあるのでしょうか。この後の章で詳しく解説しますが、建物は既に完成してしまっているので目視でチェックできる部分は限られています。したがって、建築した業者、販売している業者を信頼するしかないわけです。そういった意味で、良い業者を選ぶことが成功の大きな秘訣と言えます。

　では、信頼できる良い業者とはどのような業者なのでしょうか。これがなかなか見分けるのが難しいのです。どの業者も「当社は、大丈夫です」、「家探しのパートナーです」といった顔をして近づいてきます。きっと皆さんのことを、良い意味でも悪い意味でも『良いお客さん』と見ているはずです。

1　業者の選び方

　信頼できる業者を見つける上で最も効果的な方法は、実際にその業者と付き合いのあったお客さんから直接話を聞くことです。そして、評判が良い業者ならまず間違いはないでしょう。しかし、なかなかそのような機会には恵まれないのが現実です。そこで次の方法で業者チェックをしましょう。

1）インターネットで検索

　最近の情報社会のツールを利用しましょう。現在、残念なことにハウスメーカーの数と同じ、いやそれ以上に「欠陥住宅の被害者の会」が存在します。皆さんが購入を考えているハウスメーカー、工務店、不動産業者の名前をインターネットで検索してみましょう。ひょっとしたら、「欠陥住宅の被害者の会」が存在するかもしれません。一度、検索してみましょう。

2）業者名簿を閲覧

　宅地建物取引の免許には、国土交通大臣免許と都道府県知事免許があります。内容は変わりませんが、2つ以上の都道府県に事務所を開設している会社には国土交通大臣から、1つの都道府県だけに事務所を開設している会社には知事から免許が与えられます。事業者名簿には、代表者の名前や取引状況、資格や資産の状況が記載されています。ここで着目すべきことは「過去の行政処分、苦情相談の有無」も記載されていることです。この部分をチェックしましょう。

　頻繁にトラブルを起こしている業者や、悪質なことをして行政処分を受けたような業者とは決して取引をしてはいけません。この業者名簿は各都道府県の住宅局にある不動産業指導担当部や国土交通省の地方整備局で閲覧できます。閲覧したい業者の免許番号を言えば無料で閲覧することができますよ。是非、利用しましょう。何ですって、免許がない？——問題外です。

3）銀行の担当者からの情報収集

　ローンを利用する銀行などの担当者から情報収集することも効果的です。金融機関の担当者は多くの不動産物件を扱ってきています。たいへん役立つ情報を持っています。信頼できる業者かどうか聞いてみましょう。ただし、金融機関の担当者にも守秘義務があります。あからさまに「あんな業者は駄目です！」とは言ってくれません。言葉のニュアンスや言い方で感じるしかありません。逆に、良い業者を教えてもらうこともひとつの方法です。

CHECK POINT!

- ☐ 006　業者をインターネットで検索しましたか。
- ☐ 007　業者名簿を閲覧しましたか。
- ☐ 008　銀行の担当者などから評判を聞いてみましたか。

好ましくない情報を掴んだら……

アウトーッ!!　購入してはいけません!!!
あなたが欠陥住宅の被害者にならないという保証はどこにもありません。
いや、他の業者より確率は高いでしょう。

ちょこっとコラム

● 危ない会社

　バブルが弾けてからの日本経済は低迷を続けてきました。その中で一番大きな痛手を受けたのが不動産業界と建築業界です。青息吐息の経営をしている会社が掃いて捨てるほどあります。いつ倒産するかも知れない業者が非常に多いのが現実です。頭金を払ったのに業者が逃げたとか、工事中に工務店が倒産したとか等々のトラブルが多く報告されています。
　「あの会社は昔からやっているから大丈夫だろう。」
　　イエイエ、昔からやっているからこそより大きな痛手を被っているかもしれません。
　「あの会社は大きいから大丈夫だろう。」
　　イエイエ、大きいからこそ莫大な経費が必要で経営は大変かもしれません。大きな持ちビルも借金のカタかも。
　疑心暗鬼になってしまいますね。契約を急がせる会社、頭金を早く要求する会社等は経営が苦しい会社と思って間違いありません。「○○○万円安くしますから、すぐ契約してください。」なんて会社は信用しない方が得策です。近くのスーパーのタイムサービスじゃあるまいし、そんな会社とは即刻縁を切ってください。

2 信頼できる業者とできない業者

　ここでは、筆者がこれまでの経験上で知り得た信頼できる業者とできない業者の特徴を書き出してみました。ここに書いてあることが絶対正しいとは言い切れませんが、かなりの確率で言い得ていると考えられます。是非参考にしてください。

1）信頼できる業者

① 長期間にわたって同じ地域で営業をしている。
② 建売住宅の販売実績を数多く持っている。
③ 会社規模が大きい。事業所数、従業員の数が多い。
④ 営業マンの質が良い。
　　ⅰ. 身なりがしっかりとしている。ⅱ. 誠実である。ⅲ. 約束を守る。ⅳ. 親身になってくれる。
⑤ 契約までの手順、段取りを丁寧に説明してくれる。
⑥ ローンが可能かシミュレーションしてくれる。
⑦ 契約を急がない。
⑧ 契約前に重要事項説明をしっかりと行ってくれる。
⑨ 現場の管理が行き届いている。
　（例えば、吸い殻入れやスリッパ、作業員の駐車スペースなどが確保されている）
⑩ 自社の販売済み、もしくは建築中の物件を見せてくれる。
⑪ 販売後のアフターサービス（定期点検など）の内容がしっかりしている。
⑫ 販売物件の建築工事中の写真を見せてくれる。

2）信頼できない業者

① 営業マンの質が悪い。
　　ⅰ. 身なりが派手。ⅱ. 高価なアクセサリーを身につけている。
　　ⅲ. 高級車に乗っている。ⅳ. 約束を破る。ⅴ. 対応が無神経である。
　　ⅵ. 接客態度が悪い。
② 購入、契約を急がせる。
③ 安易に値引きを持ち出す。
④ 写真、図面などの物件の資料を見せてくれない。
⑤ 自社の販売済み、もしくは工事中の物件を見せてくれない。
⑥ 自己資金や借り入れ限度額の確認をせずに先走った営業をする。
⑦ 現場の管理が悪い。
⑧ 重要事項説明をしっかりとしてくれない。
⑨ 銀行以外のローンを勧めたがる。

CHECK POINT!

☐ 009. 信頼できる業者、できない業者の特徴をそれぞれ全項目チェックしましたか。

3 営業マン

　会社が信頼できるからと言って、担当の営業マンが信頼できるかと言うと、必ずしもそうではありません。
「感じがいい人ねえ、信頼できるわ。」
「肩書きもあるし。きっと偉い人よ。」
「なかなかハンサムねえ。それに挨拶もしっかりできるし。」
「子供に優しくて好感が持てるわ。」
　それぞれ、ある意味で営業マンの評価をする基準であると言えるでしょう。でも、それだけでは当然ながら真の評価にはなりません。高価な買い物をするのですから、信頼できる営業マンかどうかの見極めは重要な課題です。不動産会社ではほとんどの営業マンが肩書きを付けています。肩書きを付けた方が顧客の信頼を得やすいからです。あなたも肩書きで信頼度を変えていませんか。平社員よりは『営業課長』、『営業部長』と肩書きの付いた人の話を信頼してしまう。とにかく肩書きにはそれなりの効果があるのです。しかし、それではいけません。
　では、肩書きに頼ることなく信頼できる営業マンを見分けるにはどうしたらいいのでしょうか。方法の一つとして営業マンの知識テストがお勧めです。どれくらいの知識を持っているのかで信頼度を評価でき、また、その受け答えでその物件に関する意気込みも感じられます。長くつき合っていく営業マンの実力を知っておく必要があります。本当に実力がないなと感じたら、遠慮はいりません。担当者替えを要求しましょう。実際に宅地建物取引主任者の資格を所持していても、建物自体に関する知識を持たない営業マンも多数います。そこまでしなくてもと思われる方でも、担当者の実力を知っておくと今後の対応に役に立ちます。
　注意すべきことは、質問はあくまでもさりげなくするということです。あからさまにテストしているというやり方は、一生懸命な営業マンのモチベーションを低下させてしまうなど、逆効果になることも考えられます。

営業マンテスト

質　問	①知らない 調べようとしない	②資料を見て すぐ答える	③すぐに答える
この土地の地目はなんですか			
建ぺい率・容積率は何%ですか			
この土地は以前何があったところですか			
地盤調査の方法は何ですか			
シックハウス対策のための換気能力は1時間当たりどれくらいですか			
シックハウス対策のフォースターってなんですか			

営業マンテストの答えで、①が多ければ（3つ以上あれば）大きな問題です。担当者を替えてもらった方が良いでしょう。一方で、そのような社員を雇用している会社の姿勢にも問題があると考えられ、はたして後任の担当者は大丈夫なのかといった初歩的な疑問もわいてきます。

　②が多いのも問題です。このテストの質問内容は、建築に携わっている者なら誰でも答えられる、知っている程度の常識的なものです。ほとんどが③の営業マンでないと信頼できないですねえ。あなたの担当営業マンはどうですか？

CHECK POINT!

□ 010　営業マンテストの結果③が4つ以上ありますか。

ちょこっとコラム

● 会社の姿勢はどこでわかる？

　営業マンは会社の顔と言われています。いつもニコニコ笑顔で愛想も良く、言葉づかいも丁寧でそつがありません。きっとしっかりした社内教育がされているのでしょう。また、その営業マンもスキルを高めようと懸命に努力しているのでしょう。しかし、担当営業マンの印象から、このような一方的な判断をして会社を信用してしまうのは大変危険です。だまされてしまう方のほとんどがこのタイプです。もう少し慎重に会社の姿勢を見極めなければなりません。何か方法はあるのでしょうか。

　そこで、内勤の女性スタッフに注目しましょう。これは経験上言えることですが、内勤の女性スタッフがしっかりしているところは、お客を大事にするようです。電話の応対や会社を訪問したときの態度、言葉づかい、お茶の出し方などをよく観察してください。お茶をこぼしたから駄目だというわけではありません。内勤の女性スタッフまでも、お客様を心から大切にしているのだなと肌で感じられる会社こそ、消費者である皆さんが信頼してよい会社だと思います。もし、横柄な態度であったり、仕事が忙しいからなどと言って、あなたを粗末に扱うようなところが見受けられら、そのような会社からの購入はやめましょう。また、社員どうしの言葉づかいにも注目しましょう。なれ合っていたり、乱暴な言葉でやりとりしているような会社よりは、仲間であっても相互の信頼と尊敬を感じさせるような言葉づかいをしている会社がよいと思います。

　経験上からの提言です。『経験にまさるもの無し』です。

第Ⅱ編

物件のチェック

　候補物件をいくつかに絞ることができたら、次はそれぞれの物件ごとに成績評価をします。学校の成績は、試験の点数で評価されました。また、会社での人事評価は、会社の基準によって採点されます。同様に、家の成績評価もしっかりとした評価基準を作成して採点しなければなりません。でも、何を基準として、どのように評価したらよいのでしょう。

　第2編では、建築に関する知識がなくても、間違いのない成績評価ができる基準をお教えします。

1. 図面・仕様書

　前章でも触れましたように、建て売り住宅を見学に行くと簡単な間取り図をくれます。信じられないことですが、その間取り図を見ただけで購入してしまう人がいるのです。業者にとってみればとてもありがたいお客様です。しかし、皆さんはそのような『お客様』にはならないでください。大切な、本当に大切な家を買うのです。図面、仕様書をしっかりと確認し、そのとおりにできあがっているか、じっくりと検討してください。

1 図面

　当然ながら家を建てるときには図面が必要ですが、主な図面の種類として次のようなものがあります。

- 1）配置図
- 2）各階平面図
- 3）立面図
- 4）断面図
- 5）展開図
- 6）矩計図（かなばかりず）
- 7）基礎伏図
- 8）各伏図
- 9）電気設備図
- 10）給排水図
- 11）外構図

　いずれも重要な図面ですが、建売住宅では施工に必要な図面以外を省略することが往々にして行われます。経費節減のためです。各階平面図、断面図だけしかないという業者も珍しくありません。また、信じられないことですが、図面を見せて欲しいと言うと有料だという業者もあります。

　しかし、工事をする上で配置図、各階平面図、立面図、断面図、基礎伏図は最低でも必要な図面です。必ず作成されています。業者に提出を求めてください。図面がなければ、建物が適正に建築されているのか確認することもできません。営業マンがいくら口先で「信頼して下さい。絶対に大丈夫です。」と言っても、図面との比較ができないような建物、図面を確認しないで構造物を造る業者を信頼することは絶対にしてはいけません。

CHECK POINT!

☐ 011　配置図、各階平面図、立面図、断面図、基礎伏図はありますか。

もしその図面がなければ……

 **購入してはいけません!!!**

長く安全に、安心して住み続けられる家なのか、判断することができません。
売却するときにも、買い手の不信をまねきます。

20　第Ⅱ編　物件のチェック

2 仕様書

　仕様書は、住宅の設計図面に表せない事項を補足しているものです。構造、施工方法、材料、部品、設備、仕上げに関して細かく記載されています。建物の材料やその数量、住宅設備（キッチン、バス、照明器具、建具の種類など）を細かく規定してますので、設備機器メーカー名、グレードなどを確認するために必要な資料です。

　仕様によっては、同じ大きさ、同じ間取りの家でも工事費が大きく違ってきますし、当然のことながら販売価格も違ってきます。家を建築する上で、この仕様書が大変重要なものであることがおわかりいただけると思います。

　しかし、残念なことに建売住宅の多くではこの仕様書がありません。仕様書なしで工事を行っているのです。そのような物件は正直言って見送った方がよいでしょう。それでも購入したいという方は、自分の目でしっかりと確認してください。近年では、専門家に調査を依頼する方も増えてきています。逆に仕様書のある建物、業者に関してはある程度信頼してもよいでしょう。

CHECK POINT!

☐ 012　仕様書はありますか。
☐ 013　建物の仕様は仕様書どおりですか。

建築 豆知識

- **配置図**（はいちず）
  敷地の大きさと形、敷地や道路と建物との位置関係を表した図面のこと。

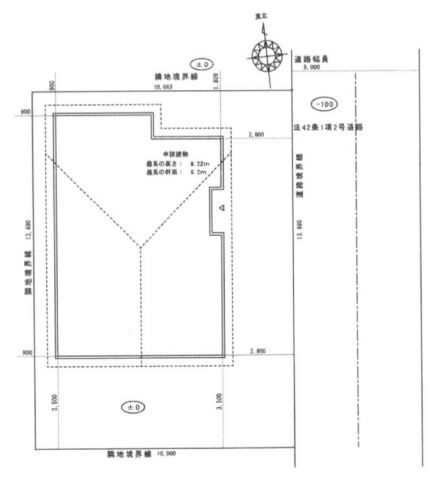

配置図

- **各階平面図**（かくかいへいめんず）
  各階ごとに間取りを示した図面のこと。

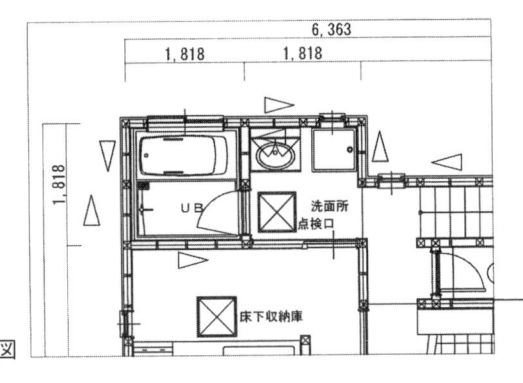

平面図

建築豆知識

- **立面図**（りつめんず）
  建物の外観を表す図面のこと。4方向について示される。

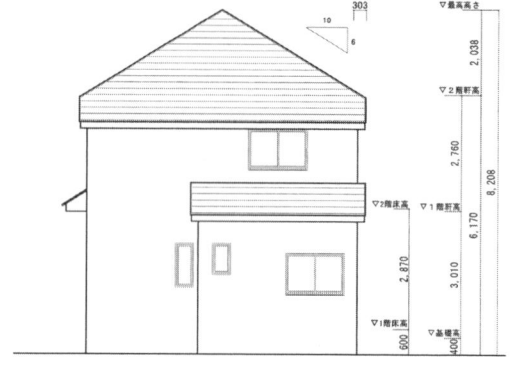

- **断面図**（だんめんず）
  建物を垂直に切った断面を表す図面のこと。各階相互の関係や、軒高、階高、天井高、床高、開口部の高さなどの垂直方向の寸法を表す。

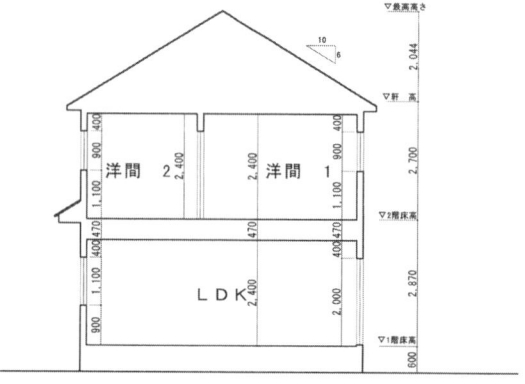

- **展開図**（てんかいず）
  屋内の壁面の状態を室ごとに展開して示した図面のこと。壁面の仕上げおよび開口部の状態、天井の形状などを表す。

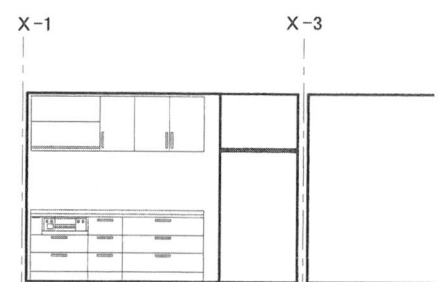

- **矩計図**（かなばかりず）
  建物を垂直に切断した断面の詳細図のこと。屋根、外壁、内部、基礎などの下地や仕上げ、材料、工法などを把握するのに重要な図面。

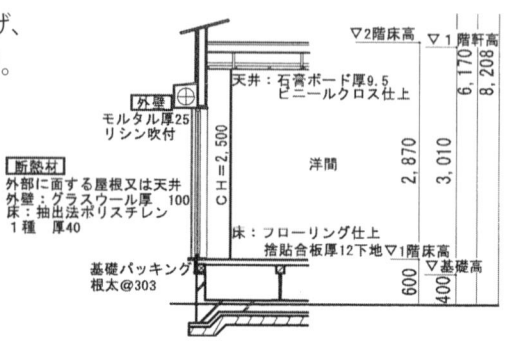

建築豆知識

- **基礎伏図**（きそぶせず）
  基礎の形状やアンカーボルト、ホールダウン金物の位置を表す図面のこと。

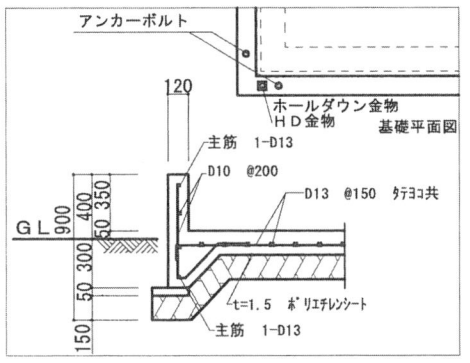

基礎伏図

- **電気設備図**（でんきせつびず）
  照明やスイッチ、コンセント、電話やテレビの接続端子の位置を表す図面のこと。また、床下暖房等の設備の位置も表してある。

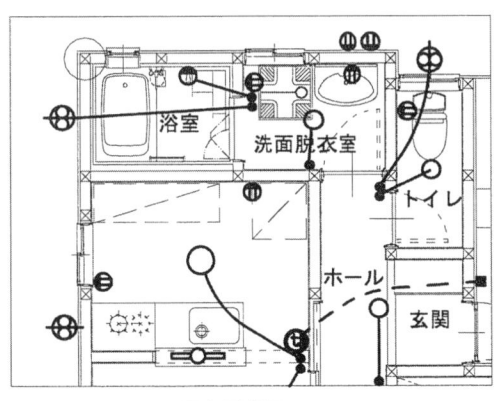

電気設備図

- **各伏図**（かくふせず）
  各階の梁組を水平に見た図面のこと。梁の位置や大きさ等が表示されている

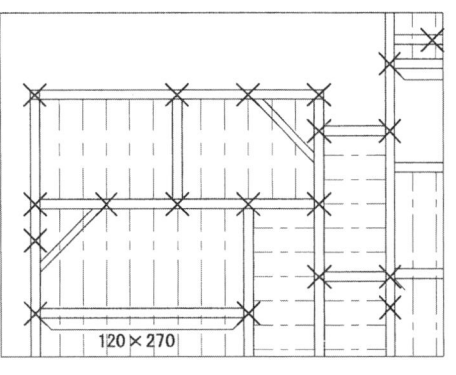

各伏図

- **給排水図**（きゅうはいすいず）
  給水管や配水管の位置を表す図面のこと。配管の太さや各種設備機械等が表示されている。

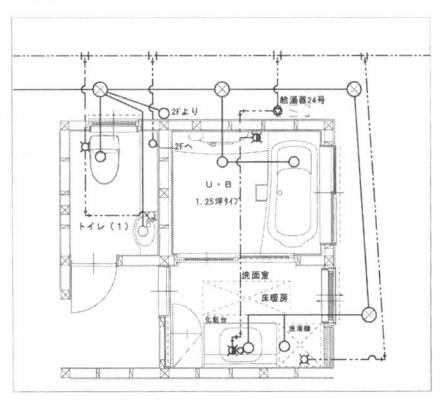

給排水図

- **外構図**（がいこうず）
  門塀、ガレージ、庭の位置などを表した図面のこと。

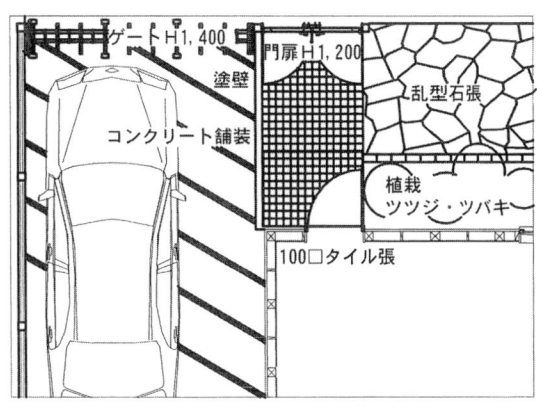

外構図

1　図面・仕様図

2. 地盤

　どんなにできあがりや見栄えが良く、立地条件の良い建物でも、地盤の状態が悪ければ将来必ず不具合が発生します。当然、基礎のできも重要ですが、それ以上に重要なのが地盤です。たとえ基礎をどんなに強固に作っても、基礎がのる地盤そのものの状態が悪ければ、家の耐久性が大きく損なわれてしまうことにつながります。万が一、不同沈下が発生してしまうと、家屋が傾く、ひび割れが発生し雨漏りがする、ガス・水道管に亀裂が入る、サッシ・ドアの開閉ができなくなるといった症状が現れ始めます。さらにそれが進行すると、最悪の場合は居住できなくなることがあります。地盤はそれほど重要なのです。しっかりとチェックしてください。

1 地盤調査

　通常、家を建てるときには、まず最初に敷地の地盤調査を行って地耐力を測定します。地耐力とは、わかりやすく言うと、地面がどれだけの重量を支えることができるかということです。試験方法としてはスウェーデン式サウンディング試験が一般的です。その結果によって、地盤強化工事が必要か、不要か、必要な場合にはどのような強化工事をすればよいのか判断します。また、基礎設計も試験結果を基に行います。

　試験結果および地盤強化工事が必要な場合の強化工法は「地盤調査報告書」に記されています。「地盤調査報告書」の提出を業者に求めてください。また、地盤強化工事を行った場合は、必ず「施工報告書」も提出させてください。そして「地盤調査報告書」に記されたとおりの地盤強化工事が施工されたことを確認してください。中には地盤調査を行わないで家を建築する業者もいますが言語同断です。もし地盤調査をしていない物件であれば、購入は止めましょう。

　しかしどうしてもその物件を購入したいと思う方は、ご自分で調査会社に地盤調査を依頼するか、建て売り業者に地盤調査をするように依頼してください。そして、その結果を見て購入の判断をしてください。費用はかかりますが、地盤調査がされていない地盤に立てられた家を購入するのは自殺行為です。

CHECK POINT!

☐ 014　地盤調査報告書はありますか。

なければ……

アウトーッ!!　購入してはいけません!!!
手抜きと言っても過言ではありません。

第Ⅱ編　物件のチェック

2　地盤調査報告書

　地盤調査報告書とは、地盤の地耐力を測定した結果を報告書としてまとめたもので、地盤調査を行えば必ず発行されるものです。したがって、地盤調査を行ったか、行っていないかを地盤調査報告書の有無で判断しても構いません。しかし、地盤調査報告書があればそれで良いのかと言うと、もちろんそうではありません。その地盤に、十分な地耐力があるということが確認できなければ意味がありません。地盤調査報告書の最後の方に「考察」、「まとめ」または「総評」といった欄があります。地盤に問題があれば（十分な地耐力がなければ）、適切な地盤強化方法や注意事項が特記されています。必ず確認してください。もし、地盤強化工事が必要と書かれてあれば、適切な工法で実際に地盤強化が行われたかを前ページで述べた方法で確認する必要があります。

CHECK POINT!

- ☐ 015　地盤調査報告書の「考察」、「まとめ」または「総評」の欄は確認しましたか。
- ☐ 016　地盤調査の結果からどのような対応をしたのか、業者から説明を受けましたか。

建築豆知識

- **不同沈下**（ふどうちんか）
  不同沈下とは建物の重さに地盤が耐えきれなくなったときに、建物が不均衡に沈下すること。建物全体が傾いたり、部分的に陥没したりします。建物にとっては致命傷です。

- **スウェーデン式サウンディング試験**
  最も一般的な地盤調査方法です。先端がネジ状に加工されたロッドと呼ばれる鉄の棒に、100キログラムのおもりを載せロッドを回転させます。25 cm 貫入させるのに何回転要したかを測定することによって、地盤の堅固さを調べる試験方法です。地盤が堅固であればあるほど25 cm 押し込むのに要する回転数は多くなり、逆に軟弱な地盤の場合、回転数は少なくなります。

MEMO

3 地盤強化方法

地盤強化にはいくつかの方法があります。その土地の地盤の状況、地耐力により適切な方法を選択することになっています。地盤強化が必要であれば、「地盤調査報告書」の考察欄等にその土地の地盤に適した地盤強化工事の工法が記載されていますので確認してください。

地盤強化の必要があると記載されていたならば、適切な地盤強化方法で工事を施工したことを証明する資料の提出を業者に要求してください。しっかりとした業者なら工事写真や施工報告書などをあらかじめ用意しています。しかし、残念ながらそこまでする業者はあまりないようです。そのような場合は業者に質問し、納得がいくまで説明を受けてください。専門家に相談することも有効です。ちなみに、地盤強化方法には次のようなものがあります。業者に適切な質問を行い、説明内容を理解、判断するために勉強しておきましょう。

1）杭工事
地盤に杭を打ち込んで支持力を増加させる工法で、支持杭工事と摩擦杭工事に大別されます。
杭工事は、支持地盤が地表近くにない場合に施工されます。

① 支持杭工事
　支持杭工事は、強固な支持地盤が地表から見て比較的浅いところにある場合に採用されます。
　強固な地盤まで杭を打ち込み、支持力増加をはかります。基礎の下に1.5〜1.8ｍの間隔で打ち込まれています。

② 摩擦杭工事
　摩擦杭工事は、強固な支持地盤が地表から見て深いところにある場合に採用されます。強固な地盤まで杭を到達させることが困難であるため、杭の側面と土との間の摩擦力を利用して支持力の増加をはかります。基礎の下に、ふし付きのコンクリート杭を1.5〜2.0ｍの間隔で打ち込みます。

2）地盤改良
軟弱な地盤に地盤改良用セメントやセメント系固化剤を混入または混合して地盤を固め、支持力を増加させる工事で、柱状改良と表層改良の2つの工法があります。支持地盤が地表近くにある場合に行います。

① 柱状改良
　安定した地盤までセメント系固化剤を注入して土を柱状に固めてその上に基礎を造る方法です。土の中にセメント系固化剤と土を混合させた「コラム」という柱を作ります。安定した地盤までの深さが2〜6ｍのときに、この工法を用います。

② 表層改良
　軟弱な地盤の土とセメント系固化剤（地盤改良用セメント）を混ぜ合わせて固化させ、地盤の支持力を増加させる工法です。表層改良の可能な深さは地表面から約2ｍ程度で、下の地盤はしっかりしているが表面に軟弱層のある場合に有効です。

CHECK POINT!

- □017　地盤調査報告書に記載されている適切な地盤強化工事が行われていますか。
- □018　地盤強化工事を行った証明（工程写真、施工報告書など）はありますか。

適切な地盤強化工事が行われていなければ……

アウトーッ!! **購入してはいけません***!!!*

後々、不同沈下等、致命的な不具合が生じる可能性が高いと考えられます。

ちょこっとコラム

● 地盤沈下のトラブル事例

　廊下の床が普通に歩いていてもそれとわかるほど傾斜しているので調査して欲しいとの依頼があり、平成15年築の在来工法木造2階建ての住宅を調査したことがあります。新築間もないこともあり、外見からはとても素敵な建物に仕上がっていました。不同沈下を起こしているような気配はまったくありません。

　しかし、内部に入ってすぐに驚愕してしまいました。そこには明らかに生活に支障が発生すると思われるほどに傾斜した床があったのです。さっそく床下に潜って基礎を調査しました。ごくごく普通のベタ基礎の構造でしたが、想像したとおり耐圧版にクラックが発生しており、柱が一方向に傾いていました。さらに家の周囲を調査してみると柱が傾いていた方向に3.0 mの擁壁がありました。結果として擁壁を設置した後、土を埋め戻した時の締め固めが不十分であったため、不同沈下を起こしてしまったことが原因であることが判明しました。

　土は掘り出すと土の粒子の間に空隙（すき間）ができます。そのまま放っておいても自重や雨水の浸透によって徐々に締め固められ安定していきますが、家を建てるときにそんな時間を費やすことはできません。機械を用いて十分に締め固めてやる必要があります。この工程をいい加減に施工すると時間の経過とともに地盤が少しずつ沈下していき、このような事例が発生してしまうのです。

　さて、本件のように実際に相当のダメージを受けてしまった場合、その修繕には多額の費用と工期が必要となります。そればかりか、心理的な苦痛も計り知れないものがあります。埋め戻しや盛り土をした敷地に建てられた住宅を購入するときには、十分に注意してください。

3. 基 礎

　何事も基礎が大切と言いますが、家の場合も例外ではありません。基礎のでき、不できが家の耐久性に大きな影響を与えます。では、建売住宅の場合はどこに着目してチェックすればよいのでしょうか。当然ながらコンクリートの中身まで確認はできません。最低限ここだけはという部分についてチェックするしか方法はありません。それでも、何もチェックしないのと比べれば大きな違いがあります。もう少し詳しく説明しましょう。

1 基礎の種類

　基礎の種類には、ベタ基礎と布基礎の2種類があります。古い家や、地盤強化工事で杭を打ち込んである場合は、まれに布基礎となっていますが、近年はベタ基礎を採用するのが主流となっています。ベタ基礎に比較して布基礎は床下が多湿となりやすいからです。床下の湿気は木造住宅にとって大敵で、木材の腐食や、蟻害等の被害を受ける確率が高くなります。また、ベタ基礎の方が耐震性についても優れています。このような理由で、日本ではベタ基礎を採用するようになってきたのです。

CHECK POINT!

☐ 019　基礎の種類はベタ基礎ですか。

布基礎の場合、床下の防湿対策等について必ず説明を受けてください。

2 基礎工事写真

　基礎はまず、鉄筋を組み、次にアンカーボルトやホールダウン金物といった建築金物を取り付け、型枠を組み、コンクリートを打設し養生するという工程で造られます。鉄筋や建築金物は、基礎そのものや家屋の強度を確保する上で重要な役割を果たしているのですが、ただコンクリートの中に埋め込まれていればよいというものではありません。その材質、径（太さ）、配置間隔、位置、かぶり厚さなどが図面や仕様書のとおりでなければなりません。できあがってしまった後では目視することのできない部分が重要なのです。できればコンクリートの打設前の工程写真を見せてもらい、確認したいものです。写真がない場合も考えられますが、その場合は、業者に図面をもとに納得できるまで説明を求めてください。

CHECK POINT!

☐ 020　工事工程写真はありますか。
☐ 021　工事工程写真がある場合、鉄筋どうしの間隔（ピッチ）は20cm程度ですか。
☐ 022　工事工程写真がある場合、アンカーボルト、ホールダウン金物の位置、数量は図面どおりですか。
☐ 023　工事工程写真がない場合、業者の人に納得のいく説明を受けましたか。

ちょこっとコラム

● 基礎のトラブル事例

奥様からのご相談で写真を見ていただきたいとのこと。

ベタ基礎耐圧版打設完了時には、立ち上がりの鉄筋が入っていなかったにもかかわらず、立ち上がりコンクリートが施工されていました。ということは、鉄筋がない状態（無筋状態）で打設してしまったようです。当然やり直し施工となりました。最近では、コンクリートの表面から鉄筋が入っているかいないか、配置間隔はどの程度か調査する機械もありますので、どうしてもという場合は検査することができます。専門家に相談してください。

建築豆知識

● 布基礎

逆T字の形状をした基礎で、四隅を囲った基礎のこと。逆T字の底の部分をフーチングという。

● ベタ基礎

土台部分だけでなく床下全面に配筋しコンクリートを打設する基礎のこと。布基礎に比べ耐震性に優れている。

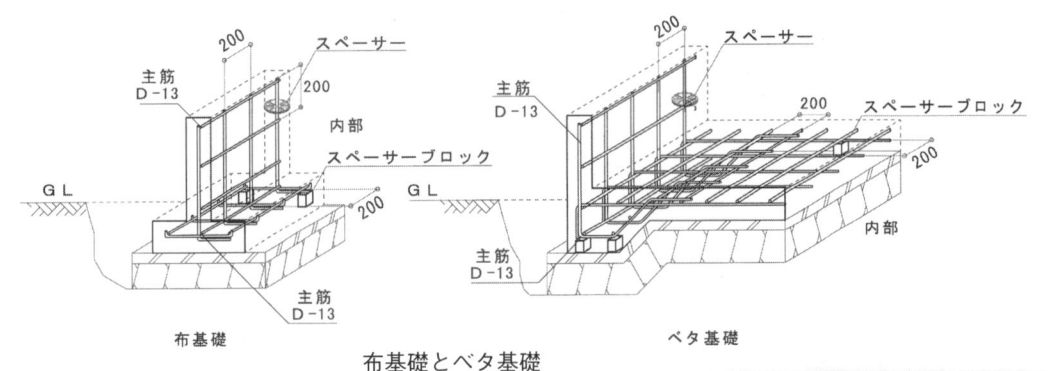

布基礎とベタ基礎

● アンカーボルト

基礎のコンクリートと土台をつなぐ金物のこと。コンクリート基礎に埋め込まれる方の先端はU字状になっており抜けにくくなっている。必要な本数が入っていないと地震の時に土台が基礎からはずれてしまう危険がある。

● ホールダウン金物

柱とコンクリート基礎をつないで、地震時に柱が土台から抜けてしまうことを防止する金物。阪神淡路大震災でその有効性が実証された。

● かぶり厚

コンクリートの表面から鉄筋までの間隔のこと。コンクリート基礎では、ベース（耐圧版）部分で6cm、一般部分で4cm以上が必要。

アンカーボルト

ホールダウン金物

3 基礎の出来形

　ちょっと大変ですが、台所にある床下収納部などから床下にもぐってチェックしましょう。まずは図面どおりの寸法形状にでき上がっていることを確認します。基礎の幅、高さが図面どおりかを確認してください。

　コンクリートの充填状況やカケ・ひび割れ（クラック）のチェックも忘れずに行いましょう。大きなカケや未充填箇所（ジャンカ）があれば補修工事が必要になったり、場合によっては工事をやり直さなければなりません。補修でよいのか工事をやり直すべきか、補修の方法はどうすればよいのかなど、素人では判断できないことは専門家に相談することをお奨めします。専門家に知り合いもいないし、心当たりもないという方は、この本の初めにあるとおり「お助けメール」をご利用ください。問題と思われる部分の写真をデジカメで撮影し、当会にメールしてください。

　雨の日の翌日に物件を見に行くと、水はけの状況や基礎のひび割れなどがよくわかる場合があります。敷地内から水がわき出ているような場合は、要注意です。

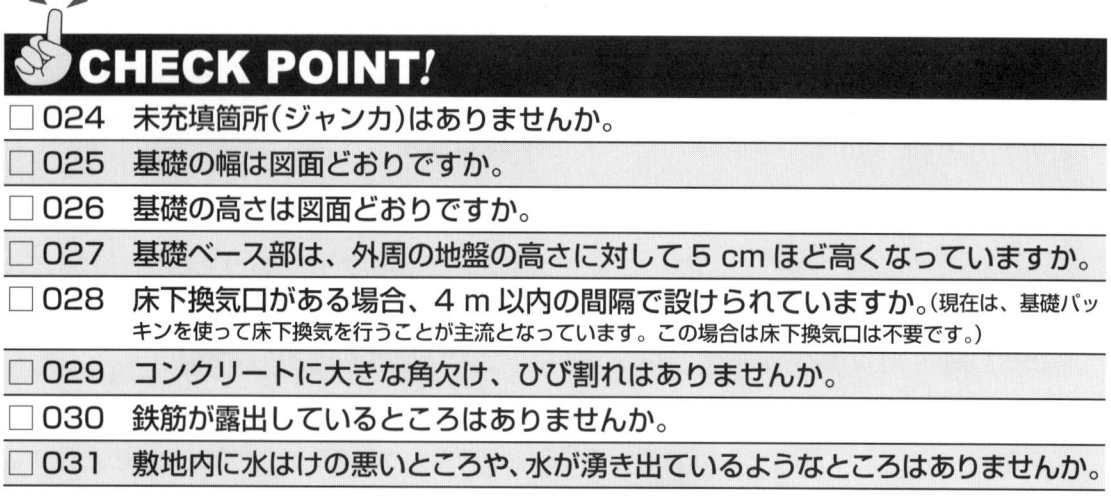

CHECK POINT!

- ☐ 024　未充填箇所（ジャンカ）はありませんか。
- ☐ 025　基礎の幅は図面どおりですか。
- ☐ 026　基礎の高さは図面どおりですか。
- ☐ 027　基礎ベース部は、外周の地盤の高さに対して5cmほど高くなっていますか。
- ☐ 028　床下換気口がある場合、4m以内の間隔で設けられていますか。（現在は、基礎パッキンを使って床下換気を行うことが主流となっています。この場合は床下換気口は不要です。）
- ☐ 029　コンクリートに大きな角欠け、ひび割れはありませんか。
- ☐ 030　鉄筋が露出しているところはありませんか。
- ☐ 031　敷地内に水はけの悪いところや、水が湧き出ているようなところはありませんか。

ちょこっとコラム

●お奨めできない建売住宅とは

　最近はあまり建設されなくなってきましたが、1階部分をすべて駐車場とした3階建ての建売住宅があります。このタイプはあまりお奨めできません。限られた敷地を効率よく工夫しているように思えますが、1階部分の開口部が大きくなるため、地震に対して十分な強度を確保することが難しいのです。危険な事例として、2階建てで建築確認を行った後で、建築業者が勝手に3階建てに変更していたことがあります。そんな家にはとても恐くて住めません。当初から3階建てで建築確認を行ったかどうかの確認が重要です。

　広くない敷地にそれなりの居住スペースを設けようと無理をして3階建てとした場合、隣家との間隔も十分に確保できていないのではないでしょうか。火災の時に類焼する危険があり心配です。また、一戸建ての醍醐味である庭も備わっていないのではないでしょうか。将来売却する時に有利であるとは決して言えません。

4. 建物本体

　さあ、いよいよ建物本体のチェックです。繰り返しますが建売住宅は非常に見栄えがよくできています。業者の人も大事な商品をきっちりと仕上げています。しかし、家の大切な部分は見えないところにあるのです。極端に言えば、業者も相当に気を配っていますから、見えるところは本当は見なくてよいくらいなのです。完成済みの建物の内部をすべて見ることは不可能です。部分的にでも見ることのできる場所で確認し、そのことから全体を推察するしかないわけです。それだけに不安は残りますが、何もしないことに比べて格段の差があります。できる限りの確認をしようとする心構えと根気が重要です。

1 防腐・防蟻処理

　日本の住宅の多くは木造です。材料は当然木材ですが、その木材には大きな欠点があります。腐朽することと、害虫であるシロアリの被害に遭いやすいということです。

　腐朽は細菌（木材腐朽菌）が木材を分解することにより発生します。また、シロアリの被害は、ご存じのとおりシロアリが土台や柱、畳などを食害することで発生します。日本に生息するシロアリは主にヤマトシロアリとイエシロアリの2種類です。

　さて、シロアリの被害は木造住宅だけかというと、実はそうではありません。コンクリート造だからといって安心してはいられないのです。シロアリは1mm程度の隙間があれば侵入してきます。コンクリートにひび割れがあると、そこからシロアリが侵入し、箪笥などの木製の調度品が被害を受けることもあります。

防腐・防蟻処理

　では、これらの被害から大切な家を守るために、どのような対策が取られているのでしょうか。現在GL（地面）から1mの高さまでに使用する木材については防腐・防蟻処理を必ず行わなければならないことになっています。その方法として、木材に薬剤を加圧注入したり、塗布することが一般的に行われています。防腐・防蟻処理業者は、処理を行うと5年間の保証書を発行しますので、必ずその保証書を

確認しましょう。

　なお、防腐・防蟻処理を行うと木材が着色されますので、目視で確認することができます。床下を見せてもらうなどして確認しましょう。加えて、床下の換気にも注目しましょう。腐朽・食害から家を守るためには大切なポイントです。結露しているところ、またその痕跡がないか、水たまりの痕跡がないかなどに着目し、チェックしてください。

CHECK POINT!

- □ 032　木材の防腐・防蟻処理はされていますか。
- □ 033　防腐・防蟻処理の保証書はありますか。
- □ 034　床下に結露、水たまりの痕跡がありませんか。

防腐・防蟻処理がされていなければ……

アウトーッ!!　購入してはいけません!!!
住宅の耐久性に問題があります。購入後わずか数年経過しただけで改修しなければならない、という状況になることも考えられます。

ちょこっとコラム

● トラブル事例

　住宅調査を行った際、床下点検口より土台・柱を確認したところ土台は防腐・防蟻処理がなされており、問題はありませんでしたが、柱は何の処置もなされていませんでした。施工業者に聞くと「透明の材料を塗ってある」とのこと。最終的に保証書の確認を行いましたが、その結果、何の処置も施されていないことが判明しました。このことからも、目視で確認できても、確認できなくても保証書を確認することの重要性を理解していただけると思います。なお、防腐・防蟻処理の効果は永久に持続するものではありませんので、定期的なメンテナンスが必要になります。

2　建築工法

　木造住宅の建築工法は大きく分けて次の3つのものがあります。それぞれに特徴がありますので、確認しましょう。皆さんが購入を考えているのは、どの工法で建築された住宅でしょうか。

1）軸組み工法

日本の伝統的な住宅建築工法で在来工法とも呼ばれます。コンクリートの基礎に土台を固定し、柱を垂直に立て、梁を水平に渡し最後に屋根を組み上げます。柱は屋根や床の荷重を支え、基礎に伝える役割を果たし、梁は柱どうしをつなぎ、屋根や床の荷重を支えるとともに柱に伝える役割を果たしています。また、筋交いと呼ばれる斜材や構造用合板をバランスよく配置することで、地震や風などの外力に対して強度を確保しています。

軸組工法は地震に弱いと言われたこともありましたが、近年では建築基準法の改正や様々な補強工法の発展により、耐震性についても十分に改善されています。

（長所）
- ○ 設計の自由度が高く、狭い敷地や敷地の形状に対応しやすい。
- ○ 大きな開口部、複雑な凹凸を平面的に設けることができる。
- ○ 工費が他の工法と比較して安価である。
- ○ 増改築が容易にできる。

（短所）
- × 現場施工者の熟練度によっては、施工精度にばらつきが生じる。

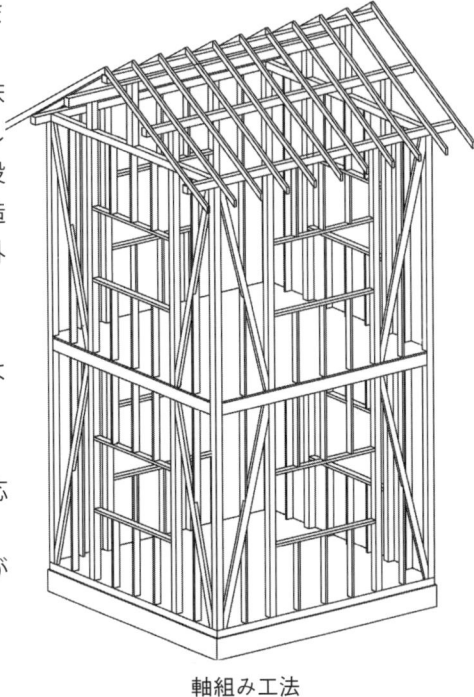

軸組み工法

2）ツーバイフォー工法

北米で開発された建築工法で枠組み壁工法とも呼ばれます。コンクリートの基礎の上に土台を固定し、床・壁・天井の6つの面で箱を作るように家を建てていきます。それぞれの面を作る時に使用する主要部材の断面寸法が2インチ×4インチなのでツーバイフォー工法と呼ばれています。主として釘を使用して組み立てますが、家の強度に大きく影響するため、使用する釘の種類・本数・長さ・間隔・打ち方などが細かく規定されています。

（長所）
- ○ 単純な工法（使用材料の種類が少ない、現場での加工作業が少ない）であるため、現場施工者の熟練度による施工精度のばらつきが少ない。
- ○ 面全体で荷重を受けていることから、外力に抵抗する力が強く、地震や台風の影響を受けにくい。
- ○ すべての壁や天井に石膏ボードや耐火ボードを張り付けることができるため、耐火性に優れている。

（短所）
- × 設計の自由度が低い。
- × 開口部や、複雑な凹凸を平面的に設けることが難しい。
- × 工費が在来工法に比べて高い。

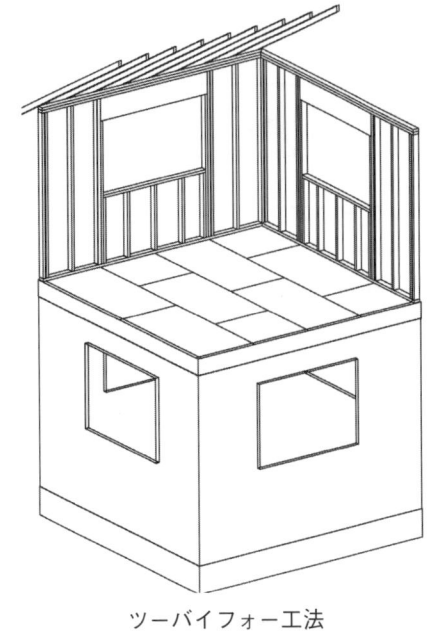

ツーバイフォー工法

4　建物本体

3) パネル工法

　この工法は、建物の床・壁等を工場であらかじめ生産しておき、それを現場に搬送して組み立てる工法です。構造材を工場で生産するため、品質管理面での信頼度は高く評価できます。また、ツーバイフォー工法と同様、現場施工者の熟練度による施工精度のばらつきも少ないと言えます。

（長所）
- ○ 部材の品質に信頼がもてる。
- ○ ツーバイフォー工法と同様に現場施工者の熟練度による施工精度のばらつきが少ない。
- ○ ツーバイフォー工法と同様に、面全体で荷重を受けているため、外力に対して強固である。

（短所）
- × 間取りやデザインが制約されることがある。

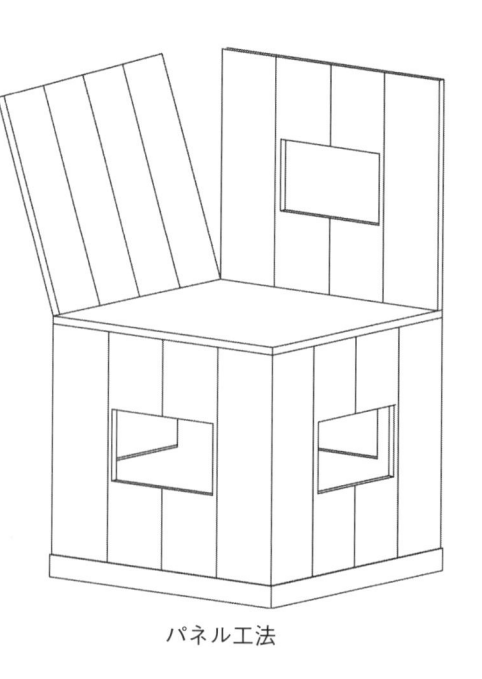

パネル工法

CHECK POINT!

☐ 035　建物の建築工法を確認しましたか。

☐ 036　それぞれの工法の長所・短所を考慮した上で物件を評価しましたか。

ちょこっとコラム

● 住宅の寿命

　せっかく買った新築住宅。その建物の寿命はいったいどれくらいなのでしょうか？
　税制上の木造住宅の寿命は24年です。銀行では20年で資産価値を0と見なします。
　ええっ!!　35年もローンを組んでいるのにと驚かれる方もいるでしょう。これはあくまで制度上の寿命です。天災や火災など不慮の災害を除けばローンを払い終わるまでは大丈夫でしょう。でも、そのためには、しっかりとメンテナンスをする必要があることを忘れてはなりません。手入れもせずに放っておいたのでは、やはりその分、寿命は短くなります。特に外部と接するところ、屋根、壁、サッシはしっかりとメンテナンスしてください。しかし、実際は家族構成の変化やライフスタイルの変化で、寿命が来る前に建て替えや改築を行うことがよくあります。将来のことを見越して家を買いましょうといいますが、あまり気にしなくてもよいようです。

3 工事写真

　建売住宅の善し悪しを判断し評価する上で、工事写真で工事の状況を確認することも重要です。
　壁や天井で隠れてしまい、見ることができない部位などは、業者に現場の工事写真を見せてもらい確認しましょう。
　信頼できる業者であれば、現場写真を数多く撮影してあります。お客様に見てもらえるようにしっかりと整理されているはずです。その工事写真を見ながら入念に工事状況の説明をしてもらいましょう。図面と比較しながら筋交いの位置や数量、建築金物の位置や数量が図面どおりに配置、設置されているかをチェックしてください。
　同時に断熱材の配置確認も行ってください。隙間なく配置されているか、小屋裏や床下にも配置されているか、ズレ落ちてしまわないように処置されているか、などがチェックポイントです。
　写真だけではまだ業者を信じきれないという方は、その業者が現に工事を施工している現場を見学させてもらえるように頼んでみてください。どのような現場管理をしているのか参考になるはずです。技術的なことは見る必要がありません。基本となる現場の整理整頓がしっかりとされているかを見てください。道具がちらかっていたり、材料の保管状態が悪かったりしたら、その業者が手がけた建売住宅はお勧めできません。タバコの吸い殻があちこち散乱している現場を見かけますが、もし、そんな状況であったら、ほかに何も見る必要はありません。すぐに帰りましょう。汚い現場からは良い仕事は絶対に生まれません。
　さて一方、工事写真が少ない、あるいは、全くないと言われることもあるかもしれません。そのような業者は、お客様をないがしろにしています。工事状況の説明をする気が始めからないと思わざるをえません。営業マンは丁寧であっても、会社の姿勢として考えると、高飛車な態度で買えと言っているのです。私だったら受け入れられません。それでも気に入ってしまったという方は、図面をもとに業者に納得のいくまで説明を受けてください。ただし、専門的な知識がないと善し悪しの判断ができません。そのような場合は、専門家や第三者住宅調査機関へ住宅調査を依頼することをお奨め致します。

CHECK POINT!

- ☐ 037　工事写真は豊富にありますか。
- ☐ 038　工事写真と図面を見比べて、筋交いは所定の位置に入っていますか。
- ☐ 039　工事写真と図面を見比べて、指定の建築金物が所定の位置に入っていますか。
- ☐ 040　断熱材は隙間なく施工されていますか。
- ☐ 041　工事写真がない場合、業者から図面をもとに納得のいく説明を受けましたか。

工事写真もなく納得できる説明もない場合は

アウトーッ!! 購入してはいけません!!!
そのような業者は信頼できませんし、アフターサービスもおそらくいい加減でしょう。

5. 室内

　室内をチェックするときには、図面、スケール、メモ用紙、マスキングテープを持っていきましょう。マスキングテープで不具合箇所をマークしておき、最後にまとめてメモを取るようにすれば効率よくチェックできます。

　壁や天井のクロスやフローリングの床、畳などは、工事中にいろいろな業者の人間が出入りする上、材料、資材の搬出入などが頻繁にあるため、必ずと言っていいほどキズが付けられていたり、汚れている部分があります。また、キッチン、洗面所、風呂場など水回りの防水、止水対策や、システムキッチンをはじめとする備え付け機器の取付具合、ドア・扉・サッシの開閉具合もよくチェックしてください。特にサッシは立地条件を考慮し、防火・防音・防犯など様々な観点から検討し、適切な種類のサッシが取り付けられているかどうか確認してください。

　業者は引き渡しを終えたら、不具合箇所を指摘してもすぐに対応してくれるとは限りません。お金を支払う前が勝負です。しっかりとチェックし、すべての不具合を見つけ出し指摘しましょう。快適な新居生活を送るためには絶対に必要なことです。

　では、これから、チェックするときの通り道の順序を予測して説明していきます。

1 玄関

　玄関はまさしく「家の顔」です。訪れる人が一番最初に目にするところで、第一印象はここで決まります。ここがちらかっていると、それだけで「きっと、家の中も整理されていないんだろうなぁ」などと思われてしまいます。住んでいる人のセンスが現れる場所です。下駄箱の大きさは十分か、傘立てなどが置けるスペースが十分にあるかなどを検討しましょう。

　さて、日本の住宅の玄関には「上がり框」があります。靴を脱いで中に入る習慣があるためでしょうが、この「上がり框」はお年寄りや体の不自由な方、妊婦などには思わぬ障害となります。このような方がいらっしゃる家庭では、「上がり框」の高さに十分留意してください。手摺りなどの補助具があると良いですね。

　一方、工事関係者の出入りも多かった場所ですので、キズが付けられやすい部分であるとも言えます。慎重に確認してください。

CHECK POINT!

- ☐ 042 上がり框にキズはないですか。
- ☐ 043 上がり框の高さは高すぎませんか。
- ☐ 044 玄関のドアの開閉はスムーズですか。
- ☐ 045 玄関ドアの鍵は確実に施錠できますか。
- ☐ 046 玄関ドアの蝶番、取手、戸当たりなどはしっかりと固定されていますか。
- ☐ 047 玄関ドアにキズはありませんか。
- ☐ 048 玄関土間のタイルに破損箇所はありませんか。
  (上がり框の下の奥の方ものぞいてみてください。)
- ☐ 049 玄関土間は水勾配が取れていますか。
  (実際に水を流して、水たまりができないか試してみるとわかります。)
- ☐ 050 サッシ・ガラスの種類は満足できるものですか。
- ☐ 051 サッシの開閉はスムーズですか。
- ☐ 052 サッシの鍵は確実に施錠できますか。
- ☐ 053 サッシに網戸は入っていますか。
- ☐ 054 サッシにキズはありませんか。
- ☐ 055 玄関収納の大きさは十分ですか。
- ☐ 056 玄関収納は、玄関ドア開閉の邪魔になりませんか。
- ☐ 057 玄関収納の扉の開閉はスムーズですか。
- ☐ 058 玄関収納の扉を開けたときに取手が壁にキズをつけないように処置されていますか。
- ☐ 059 玄関収納の扉を開けたとき、照明機器とぶつかりませんか。
- ☐ 060 玄関収納は確実に固定され、ぐらつきはありませんか。
- ☐ 061 玄関収納にキズ、汚れはありませんか。
- ☐ 062 照明器具は破損していませんか。
- ☐ 063 照明器具は正常に作動しますか。
- ☐ 064 スイッチ、コンセントのゆるみはないですか。
- ☐ 065 スイッチカバー、コンセントカバーは曲がって取り付けられていませんか。
- ☐ 066 スイッチカバー、コンセントカバーは破損していませんか。
- ☐ 067 手摺りがある場合、確実に固定されていますか。
- ☐ 068 傘立てが置けるスペースがありますか。

Ⅰ 物件の選び方

Ⅱ 物件のチェック

Ⅲ 契約

Ⅳ シックハウス症候群

Ⅴ 地震と建物

Ⅵ 入居後の手入れ

5 室内

建築豆知識

- **上がり框**(あがりがまち)
  玄関の上がり口の端に取り付けられる化粧材(横木)のこと。玄関からホールまたは廊下に上がるところの段差部分に取り付けられています。
- **サッシ**
  サッシにはいろいろな種類があります。取付け場所や用途に合わせて選択されます。
  以下にサッシの枠とガラスに分けて説明します。

【枠の種類】
① アルミ製……一般的な素材です。腐食、錆が発生しにくく、気密性、遮音性に優れています。反面、他に比較して結露しやすいのが欠点です。
② 木　製……暖かみがあり自然な印象を与えます。結露しにくいという長所がある一方で、傷がつきやすい、防火性に劣る、気密性を確保することが難しい、遮音性が低いといった欠点もあります。
③ 樹脂製……腐食に強く、気密性、遮音性に優れています。また、結露が発生しにくいといった長所もあります。短所としては防火性に劣ることです。

【ガラスの種類】
① フロート板ガラス……最も一般的に使用されているガラスです。透明な一枚で構成された普通の板ガラスのことです。
② 型板ガラス……板ガラスの表面に型模様を施したガラスのことです。光を通しながら視界を遮ることができます。キッチン、トイレ、浴室などに使用されます。
③ 網入りガラス……板ガラスの中に金網や金属線を入れたガラスのことです。ガラスが割れても脱落を防ぐことができます。
④ 強化ガラス……車のウインドウにも使用されています。耐衝撃性、耐圧性、耐熱性が高く、万一割れても破片が細粒状になり、怪我などを防ぐことができます。
⑤ 合わせガラス……複数のガラスの間にポリビニールなどの被膜を挟んだガラスのことです。衝撃や圧力に強く、万一割れても破片が脱落したり飛散することを防ぎます。
防犯性にもすぐれています。
⑥ 復層ガラス……2枚もしくは3枚のガラスの間に空気の層を設けたガラスのことです。保温性にもすぐれています。

MEMO

2 廊下・階段

　廊下や階段は人が通行するところです。したがって、幅や高さ、長さに関する規定が設けられています。階段の幅は75 cm以上必要です。人が昇降するためには最低限必要と考えられている幅です。また、蹴上（階段1段当たりの高さ）や踏面（階段1段当たりの奥行き。ただし、真上から見て1段上の段の踏面が手前に出っ張っている場合は、その長さを差し引く）もそれぞれ23 cm以下、15 cm以上といった規定があります。規定を満たしていなければ建築基準法違反になります。

　それ以外にも、建具の開閉方向によってはドアを開けたらスイッチが押しにくくなったり、ドアとドアがぶつかったりするというように、使い勝手が悪くないかを確認することも重要です。実際に開け閉めしてチェックしてみましょう。

CHECK POINT!

- ☐ 069　階段の幅は75 cm以上ありますか。
- ☐ 070　廊下の幅は75 cm以上ありますか。
- ☐ 071　階段の蹴上げは23 cm以下、階段の踏面は15 cm以上ですか。
- ☐ 072　廊下・階段の壁、床、天井にキズや汚れはないですか。
- ☐ 073　建具の開閉はスムーズですか。
- ☐ 074　建具の蝶番、取手、戸当たりに緩みはないですか。
- ☐ 075　建具を開いたときに建具と建具がぶつかることはないですか。
- ☐ 076　建具を開いたときにスイッチが押しにくくなる箇所はありませんか。
- ☐ 077　照明器具は破損していませんか。
- ☐ 078　照明器具は正常に作動しますか。
- ☐ 079　スイッチ・コンセントはしっかりと固定されていますか。
- ☐ 080　スイッチカバー、コンセントカバーの破損はありませんか。
- ☐ 081　スイッチカバー、コンセントカバーは曲がって取り付けられていませんか。
- ☐ 082　サッシ・ガラスの種類は満足できるものですか。
- ☐ 083　サッシの開閉はスムーズですか。
- ☐ 084　サッシに網戸は入っていますか。
- ☐ 085　サッシの鍵は確実に施錠できますか。
- ☐ 086　サッシにキズはありませんか。
- ☐ 087　床鳴りはしませんか。
- ☐ 088　階段は軋みませんか。
- ☐ 089　手摺りは確実に固定されていますか。

3 台所

　新しいキッチンはとても気持ちの良いものです。新築住宅の一番の魅力はキッチン、バス、トイレ等の水回りが綺麗なことです。特に奥様達には新しいキッチンが最も嬉しいのではないでしょうか。これで料理の腕も存分に振るえるはずです（笑）。最近のシステムキッチンには様々な機能が付いています。また、収納にも工夫が凝らしてあります。機能、使用方法については業者に十分な説明を受けてください。あとになって、あると思いこんでいた機能がなければガッカリしてしまいます。実際に作動できるようであれば、了解を得て作動させてみてください。機能の確認以外にも、音や振動もチェック項目です。音や振動は、実際に作動させてみないと確認できません。最後に排水にも注意が必要です。悪臭はしないか、水漏れはないかなど、シンクの真下の扉を開けて必ず確認しましょう。

CHECK POINT!

- ☐ 090　システムキッチンの機能、使用方法について詳しく説明を受けましたか。
- ☐ 091　キッチンの収納扉の開閉はスムーズですか。
- ☐ 092　キッチンセットにキズ、汚れはないですか。
- ☐ 093　キッチンカウンターにキズ、汚れ、へこみはないですか。
- ☐ 094　吊り戸棚は確実に固定されていますか。
- ☐ 095　蛇口の根元に緩みはないですか。
- ☐ 096　水はスムーズに出ますか。
- ☐ 097　混合栓からお湯は出ますか。温度調節はできますか。
- ☐ 098　排水はスムーズですか。
- ☐ 099　配管から水漏れはないですか。
- ☐ 100　排水口から悪臭はしませんか。
- ☐ 101　換気扇は正常に作動しますか。
- ☐ 102　ガスの点火、消火は確実ですか。
- ☐ 103　食器洗い機、電子レンジ、浄水器などがある場合、それらは正常に作動しますか。
- ☐ 104　照明器具は破損していませんか。
- ☐ 105　照明器具は正常に作動しますか。
- ☐ 106　スイッチ、コンセントはしっかりと固定されていますか。
- ☐ 107　スイッチカバー、コンセントカバーは曲がって取り付けられていませんか。
- ☐ 108　スイッチカバー、コンセントカバーは破損していませんか。
- ☐ 109　サッシ・ガラスの種類は満足できるものですか。

☐	110	サッシの開閉はスムーズですか。
☐	111	サッシの鍵は確実に施錠できますか。
☐	112	サッシにキズはありませんか。
☐	113	壁・床・天井にキズ、汚れはないですか。
☐	114	建具の開閉はスムーズですか。
☐	115	建具の蝶番、取手、戸当たりに緩みはないですか。
☐	116	軋みや床鳴りはありませんか。
☐	117	床暖房がある場合、正常に作動しますか。
☐	118	吸気口の開閉はスムーズですか。
☐	119	冷蔵庫や食器棚等の配置スペースは確認しましたか。

4 リビング

　リビングは家族みんなの憩いの場、コミュニケーションの場です。食事をしたり語らったりする上で居心地の良い空間でなければなりません。設計者は経験上の判断からこのあたりが良いであろうと思われる位置に主観的に照明器具、テレビの端子、電話の端子、コンセントなどを配置していきます。したがって当然のことですが、すべてのお客様が満足できる配置にはなっていません。ですから、実用に際していろいろと工夫を凝らさなくてはなりません。このことも、建売住宅を購入する場合の欠点の一つといえるでしょう。

👉 CHECK POINT!

☐	120	サッシ・ガラスの種類は満足できるものですか。
☐	121	サッシの開閉はスムーズですか。
☐	122	サッシの鍵は確実に施錠できますか。
☐	123	サッシに網戸は入っていますか。
☐	124	サッシにキズはありませんか。
☐	125	カーテンレールは付いていますか。
☐	126	雨戸、シャッターの開閉はスムーズですか。
☐	127	照明器具は破損していませんか。
☐	128	照明器具の位置はイメージどおりですか。
☐	129	照明器具の明るさは十分ですか。(夜暗くありませんか。)
☐	130	照明器具は正常に作動しますか。
☐	131	スイッチ、コンセントはしっかりと固定されていますか。

- ☐ 132 スイッチカバー、コンセントカバーは曲がって取り付けられていませんか。
- ☐ 133 スイッチカバー、コンセントカバーは破損していませんか。
- ☐ 134 スイッチの位置はイメージどおりですか。
- ☐ 135 コンセントの位置はイメージどおりですか。数量は十分ですか。
- ☐ 136 テレビの端子の位置はイメージどおりですか。
- ☐ 137 電話の端子の位置はイメージどおりですか。
- ☐ 138 壁・床・天井にキズ、汚れはないですか。
- ☐ 139 建具の開閉はスムーズですか。
- ☐ 140 建具を開けると照明器具に当たりませんか。
- ☐ 141 建具を開けるとスイッチが押しにくくなる箇所はありませんか。
- ☐ 142 建具の蝶番、取手、戸当たりに緩みはないですか。
- ☐ 143 床暖房は正常に作動しますか。
- ☐ 144 エアコンは正常に作動しますか。
- ☐ 145 床に軋み、床鳴りはありませんか。
- ☐ 146 インターホンは正常に作動しますか。

5 洗面所

　洗面所は洗顔や洗濯をしたり、風呂の脱衣所を兼用していたりして、どうしても床が水に濡れやすい場所です。したがって、水に強い素材の床材を使用することが重要です。

　建売住宅では一般的にクッションフロアーシートが使用されます。クッションフロアーシートは水に強い床材ですが、水が床下地との間に回ってしまうと逆に乾燥しにくくなってしまいます。ですから、水がこぼれたらすぐに拭き取ってください。水に強いから大丈夫などということはありません。

　当然、施工の善し悪しも重要ですので、継ぎ目部分に隙間ができていないか、はがれている部分はないか、確認しましょう。

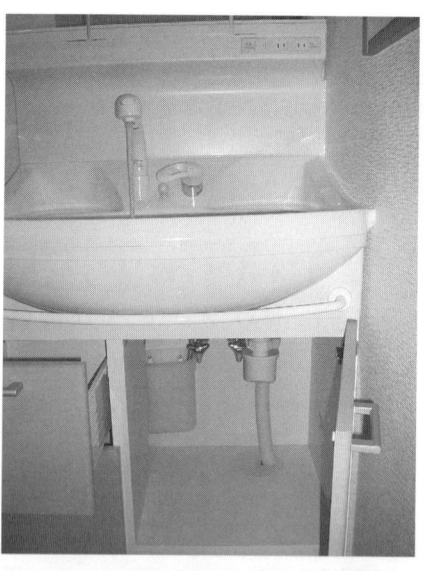

👉 CHECK POINT!

- ☐ 147 洗面化粧台の扉の開閉はスムーズですか。
- ☐ 148 洗面化粧台にキズ、汚れ、破損はありませんか。
- ☐ 149 蛇口の根元に緩みはありませんか。
- ☐ 150 水はスムーズに出ますか。
- ☐ 151 混合栓からお湯は出ますか。温度調節はできますか。

☐	152	排水はスムーズですか。
☐	153	配水管から水漏れはないですか。
☐	154	排水口から悪臭はしませんか。
☐	155	サッシ・ガラスの種類は満足できるものですか。
☐	156	サッシの開閉はスムーズですか。
☐	157	サッシの鍵は確実に施錠できますか。
☐	158	サッシの網戸は入っていますか。
☐	159	サッシにキズはありませんか。
☐	160	照明器具は破損していませんか。
☐	161	照明器具は正常に作動しますか。
☐	162	スイッチ、コンセントはしっかりと固定されていますか。
☐	163	スイッチカバー、コンセントカバーは曲がって取り付けられていませんか。
☐	164	スイッチカバー、コンセントカバーは破損していませんか。
☐	165	壁・床・天井にキズ、汚れはありませんか。
☐	166	建具の開閉はスムーズですか。
☐	167	建具を開けると照明器具に当たりませんか。
☐	168	建具を開けるとスイッチが押しにくくなる箇所はありませんか。
☐	169	建具の蝶番、取手、戸当たりに緩みはありませんか。
☐	170	洗濯機用の給水は混合栓ですか。
☐	171	洗濯機用の排水はスムーズですか。
☐	172	洗濯機用の排水口から悪臭はしませんか。
☐	173	床材の施工状況は良好ですか。
☐	174	床に軋み、床鳴りはありませんか。
☐	175	タオル掛けはしっかりと固定されていますか。
☐	176	分電盤の説明は受けましたか。
☐	177	電気容量は十分ですか。

MEMO

6 浴室

　近年の浴室は、工場で生産されたシステムバスがほとんどです。したがって品質には十分な信頼を置くことができますが、後からオプション機能を追加することはまず不可能です。日本人は風呂にこだわる方が多いですよね。家族全員が現状の機能で良しとするのかどうかをよく検討してください。

CHECK POINT!

- ☐ 178　壁・床・天井・浴槽にキズ、汚れはありませんか。
- ☐ 179　建具の開閉はスムーズですか。
- ☐ 180　建具の蝶番、取手、戸当たりに緩みはないですか。
- ☐ 181　換気扇は正常に作動しますか。
- ☐ 182　浴室の鍵は確実に施錠できますか。
- ☐ 183　照明器具は破損していませんか。
- ☐ 184　照明器具は正常に作動しますか。
- ☐ 185　サッシ・ガラスの種類は満足できるものですか。
- ☐ 186　サッシの開閉はスムーズですか。
- ☐ 187　サッシの網戸は入っていますか。
- ☐ 188　サッシにキズはありませんか。
- ☐ 189　サッシの鍵は確実に施錠できますか。
- ☐ 190　蛇口の根元に緩みはないですか。
- ☐ 191　水、お湯はスムーズに出ますか。
- ☐ 192　水漏れはないですか。
- ☐ 193　お湯の温度調節はできますか。
- ☐ 194　排水はスムーズですか。
- ☐ 195　排水口から悪臭はしませんか。
- ☐ 196　追い焚き等の機能、リモコンの使用方法の説明を受けましたか。
- ☐ 197　乾燥機能がある場合、正常に作動しますか。
- ☐ 198　タオル掛けはしっかりと固定されていますか。
- ☐ 199　手摺りはしっかりと固定されていますか。
- ☐ 200　床に軋み、床鳴りはありませんか。
- ☐ 201　風呂のふたはありますか。

7 トイレ

　近頃の建売住宅のトイレは、ウォシュレット付きが標準仕様になってきています。ウォシュレットは様々な工夫や改良がなされ、機種によってはこんなこともできるのかと感心するような機能が付加されてきています。使用方法や機能については業者の説明を十分受けて下さい。ただし、当然ながらグレードによっては付加されている機能が違います。例えば、消臭機能が付いていると思っていたら付いていなかった、などということはよく聞く勘違いです。また、トイレのドアの開く方向にも注意が必要です。内開きの場合、便器が邪魔になり入りにくいことがあります。よく確認してください。毎日のことですから不自由があっては相当な苦痛となってきます。

CHECK POINT!

- ☐ 202　床・壁・天井にキズ、破損はありませんか。
- ☐ 203　建具の開閉はスムーズですか。
- ☐ 204　建具の開く方向はどうですか。便器が邪魔になるなどしてトイレに入りにくくありませんか。
- ☐ 205　建具の蝶番、取手、戸当たりに緩みはないですか。
- ☐ 206　換気扇は正常に作動しますか。
- ☐ 207　スイッチ、コンセントはしっかりと固定されていますか。
- ☐ 208　スイッチカバー、コンセントカバーは曲がって取り付けられていませんか。
- ☐ 209　スイッチカバー、コンセントカバーは破損していませんか。
- ☐ 210　サッシ・ガラスの種類は満足できるものですか。
- ☐ 211　サッシの開閉はスムーズですか。
- ☐ 212　サッシの鍵は確実に施錠できますか。
- ☐ 213　サッシの網戸は入っていますか。
- ☐ 214　サッシにキズはありませんか。
- ☐ 215　給水管はしっかりと固定されていますか。
- ☐ 216　便器がウォシュレット付きの場合、機能の確認はしましたか。
- ☐ 217　便器は確実に固定されていますか。
- ☐ 218　便器にキズ、汚れ、割れはありませんか。
- ☐ 219　排水はスムーズですか。
- ☐ 220　配水管から悪臭はしませんか。
- ☐ 221　紙巻き、手摺り、タオル掛けはしっかりと固定されていますか。

222 床に軋み、床鳴りはありませんか。
223 照明器具は破損していませんか。
224 照明器具は正常に作動しますか。

8 洋室

　建売住宅の居室は、多くが洋室で設計されることが主流となっています。和室は非常に少なくなり、多くても1戸当たり1室程度で、全くないことも珍しくありません。生活様式の変化、機能性、掃除の簡易さ等が、洋室の人気の高さの要因と考えられます。テレビ番組でフローリングの床の上にビー玉を置いて平面性を確認するということが放映されていますが、それなりのコストをかけ、細心の注意を払って施工しない限り、多少の狂いは発生します。だからと言って、すぐに施工不良と決めつけるわけにはいきません。施工誤差にも許容範囲がありますし、木材の伸縮もあります。生活する上で支障のない程度であれば施工不良ではありません。

　着目点としては、床と壁の取り合い部分に幅木が取り付けられていますが、床との間に隙間がある場合があります。隙間の幅が大きいとゴミやホコリが入ってしまうなど掃除が大変です。また、前述しましたが、壁紙の破損、汚れは必ずと言ってよいほどあります。慎重に確認してください。

CHECK POINT!

☐ 225 サッシ・ガラスの種類は満足できるものですか。
☐ 226 サッシの開閉はスムーズですか。
☐ 227 サッシの鍵は確実に施錠できますか。
☐ 228 サッシの網戸は入っていますか。
☐ 229 サッシにキズはありませんか。
☐ 230 雨戸・シャッターの開閉はスムーズですか。
☐ 231 壁・床・天井にキズ、汚れはありませんか。
☐ 232 照明器具は破損していませんか。
☐ 233 照明器具は正常に作動しますか。
☐ 234 スイッチ、コンセントはしっかりと固定されていますか。
☐ 235 スイッチカバー、コンセントカバーは、曲がって取り付けられていませんか。
☐ 236 スイッチカバー、コンセントカバーは破損していませんか。
☐ 237 建具の開閉はスムーズですか。
☐ 238 建具を開けたときに照明器具に当たりませんか。
☐ 239 建具を開けるとスイッチが押しにくくなる箇所はありませんか。

- ☐ 240　建具の蝶番、取手、戸当たりに緩みはないですか。
- ☐ 241　床暖房、エアコンは正常に作動しますか。
- ☐ 242　テレビの端子の位置は確認しましたか。
- ☐ 243　コンセントの位置、数量は確認しましたか。
- ☐ 244　子供部屋に予定している部屋が2階の場合、転落防止はありますか。
- ☐ 245　床の仕上がりは良いですか。
- ☐ 246　床に軋み、床鳴りはありませんか。
- ☐ 247　床と幅木の間に大きな隙間はありませんか。

9　和室

　和室は、日本の伝統的な居室です。床材の畳は、断熱性、保湿性に優れていますが、生活様式の変化やメンテナンスの問題から使用率は減少しています。しかし、全くなくなったわけではありません。洋室にアクセントとして部分的に畳を敷くことも可能です。最近は断熱材をサンドイッチにした畳もあり、用途による選択の範囲も広がってきています。

　また、和室の収納と言えば押入ですが、天袋のある場合と、ない場合があります。収納の容量や使い勝手が違いますので確認してください。

CHECK POINT!

- ☐ 248　サッシ・ガラスの種類は満足できるものですか。
- ☐ 249　サッシの開閉はスムーズですか。
- ☐ 250　サッシの鍵は確実に施錠できますか。
- ☐ 251　サッシの網戸は入っていますか。
- ☐ 252　サッシにキズはありませんか。
- ☐ 253　雨戸・シャッターの開閉はスムーズですか。
- ☐ 254　襖・障子の開閉はスムーズですか。
- ☐ 255　襖・障子に破損、汚れはありませんか。
- ☐ 256　壁・天井にキズはありませんか。
- ☐ 257　照明器具は破損していませんか。
- ☐ 258　照明器具は正常に作動しますか。
- ☐ 259　スイッチ、コンセントはしっかりと固定されていますか。
- ☐ 260　スイッチカバー、コンセントカバーは曲がって取り付けられていませんか。
- ☐ 261　スイッチカバー、コンセントカバーは破損していませんか。

☐	262	テレビ端子の位置は確認しましたか。
☐	263	コンセントの位置、数量は確認しましたか。
☐	264	床暖房、エアコンは正常に作動しますか。
☐	265	畳の表面は均一ですか。
☐	266	畳焼けしていませんか。
☐	267	畳に軋み、床鳴りはありませんか。
☐	268	押入のスペースは十分ですか。
☐	269	押入の床ベニア、壁ベニアがしっかりとしていますか。
☐	270	押入の床ベニアと敷居に段差がありませんか。

ちょこっとコラム

- **引っ越し前後の手続き**

　さあ間もなく新居に引っ越しです。頭の中は新居での生活のことで一杯です。しかし、それまでにやらなければいけないことがまだまだあります。これがなかなか面倒で、精神的に結構負担になります。以下の事柄を参考にしてください。

　（1）電気・ガス・水道会社に対し、使用停止の連絡。
　（2）公共料金の銀行口座からの引き落とし停止手続き
　（3）国民健康保険、国民年金の住所変更手続き
　（4）電話の移転手続き
　（5）郵便物の転送手続き
　（6）移転、転入手続き
　（7）家賃の精算
　（8）引っ越し時に発生するゴミ処分の手続き
　（9）自動車の車庫証明新規取得
　（10）生命保険、損害補償保険等の住所変更手続き
　（11）新居における電気・ガス・水道の使用開始連絡
　（12）クレジットカード会社への住所変更手続き
　（13）銀行口座の住所変更手続き
　（14）運転免許証の住所変更手続き
　（15）クリーニング店に預けっぱなしになっている衣類はないか
　（16）レンタルビデオ店等から借りているものは返却したか
　（17）新聞の解約、精算について配達店への連絡

6. 外装

　建売住宅の場合は、何棟かが統一された色彩、雰囲気で外装が施されています。同じような材料を使い、色調を合わせながらも、個別に少しずつ個性を出していることが多いようです。
　しかし、その分譲地の中で同じ材料を使って、同じようなデザインをしていて、販売価格も同様なのに不思議とよく見える物件と見劣りする物件とがあります。何がそう感じさせるのかわかりませんが、あなたの第一印象で見劣りする物件は、後々不満が発生したときの精神的ダメージを考慮し、妥協して購入することは控えた方がよいと思われます。

1 屋根

　屋根の色、形は家の印象を左右する重要な要素です。機能面からも、家を雨、風、熱から守るという大切な役割を持っています。ぜひともチェックしたい部分です。しかし、一般の人が屋根に上って確認することはなかなかできません。家から少し離れて双眼鏡などを使って見えるところだけでも確認しましょう。不安な箇所が見つかれば専門家に見てもらうことをお奨めします。
　以下に、屋根の素材についてそれぞれの特徴を説明します。購入する際に、参考としてください。

① **平型彩色スレート(カラーベスト)**
　現在最もポピュラーな屋根材です。建売住宅の屋根にもこのカラーベストを使用することがほとんどです。安価な上に耐久性にも問題がありません。瓦などと比較して軽量であるため、住宅の耐震性は良いと言えます。一方、汚れが目立ちやすく取れにくいという欠点もあります。

② **瓦**
　日本の伝統的な屋根材です。耐久性と断熱性に大変優れていますが、コストがかかるために建売住宅ではあまり使用されません。家全体として考えた場合、重量がかさむため、軽量の屋根材に比較して、地震に対する強度はどうしても劣ります。

カラーベスト葺きの屋根　　　　　　　　洋瓦葺きの屋根

③ 金属版（塗装ステンレス屋根）

防水性に優れ、カラーベスト同様軽量なため、地震に強いと言えます。塗装ステンレス鋼板がよく使用されていますが、色によっては汚れが目立ちやすく、他の素材よりも遮音性、断熱性が劣るため、下地に工夫を施す必要があります。最近では、その欠点をカバーする製品も市販されていますので、どのような材料を使用しているのか、下地をどのように施工したのかなど、防音・断熱対策について確認してください。

CHECK POINT!

- ☐ 271　屋根に破損箇所はありませんか。
- ☐ 272　屋根材のズレや隙間はないですか。
- ☐ 273　屋根に汚れはありませんか。
- ☐ 274　屋根に雪止め金具は付いていますか。
- ☐ 275　棟換気はありますか。
- ☐ 276　軒樋に破損はありませんか。
- ☐ 277　縦樋に破損はありませんか。
- ☐ 278　雨樋の固定金具に緩みはありませんか。

建築豆知識

- **カラーベスト**
  セメントにパルプ繊維を入れて練り混ぜて高圧プレスしたスレート状のものに、防水塗装をしたもの。
- **雪止め金具**
  屋根に積もった雪が下に落下するのを防ぐ金具のこと。雪の落下による被害や隣接地に雪が落下するのを防ぎます。また、雪で雨樋が破損することを防ぐ役目も果たします。
- **軒樋**
  屋根面を流れてくる雨水を軒下で受ける樋のこと。
- **棟換気**
  棟とは屋根の頂上部分です。つまり、棟換気は屋根の頂上部分に換気口を設けて屋根裏の換気を行うことを言います。屋根裏の結露を防ぐために大変重要なものです。

2　外壁

　外壁は、雨・風・雪・暑さ・寒さ・騒音などから家と暮らしを守ってくれる役割を持っています。また、機能だけではなく家のイメージを表現する要素でもあるため、自分の好み、趣味に合致しているかどうかが大きな判断基準になります。外壁は洋服を着替えるようには簡単に代えることはできません。慎重に見極めてください。
　以下に、外壁の種類についてそれぞれの特徴を説明します。購入する際に、参考にしてください。

① 吹き付け
　外壁の下地にモルタルを20 mmほどの厚さで塗り、その上に吹き付け塗装をするものです。モルタルの上に吹き付ける仕上げ材には、セメント系、けい酸質系、合成樹脂エマルション系など色々とあります。工事価格が安価で済むため、施工頻度が高い工法です。下地モルタルを塗った後、養生が悪いと塗装材吹き付け後にクラック（ひび割れ）が発生していることがあります。

② サイディングボード張り
　サイディングボード材を用いて外壁を作る工法です。防火性に優れ、工場製品であることから品質も安定しています。また、吹き付け塗装工法よりも工期を短くできることからコストを抑えられるため、現在最も頻度高く採用されています。着眼点として、目地のシーリングの施工具合を見てください。この施工状態が悪いと雨水が外壁内に入り込み、家の構造材を腐食させる原因となります。

③ タイル貼り
　タイル貼りは、他の外壁材と一緒に用いられることが多く、玄関や1階の一部にアクセントとして施工されます。耐久性、防火性に非常に優れていますが、コストも大変高く、外壁の重量が他の材料に比較して大きくなります。耐震性という意味から施工面積について検討する必要があるため、建売住宅ではあまり見かけません。

④ 金属板張り
　金属板もタイルと同様に耐久性、防火性に優れていますが、少しの衝撃でへこみやすく、遮音性、断熱性に劣ることが欠点です。

吹き付けの外壁　　　　　　　　　サイディング張りの外壁

6　外装

⑤板張り

　見た目にはお洒落で独特の雰囲気を表現しますが、防火性、耐久性に問題があり、手入れを欠かすことができません。また、温度や湿度によって伸縮するため、反りやたわみが発生しやすく、カビが発生しやすいことも欠点となります。

CHECK POINT!

(吹き付け)

- ☐ 279　表面にひび割れはありませんか。
- ☐ 280　コーナー部および窓枠や換気扇フードなどの切り欠き部分に角カケはないですか。
- ☐ 281　窓枠や換気扇フード周囲のシーリングは確実になされていますか。
- ☐ 282　平面性はとれていますか。
- ☐ 283　吹き付け材のムラはないですか。

(サイディングボード張り)

- ☐ 284　サイディングボードに破損はありませんか。
- ☐ 285　水切りの通りは良いですか。
- ☐ 286　平面性は取れていますか。
- ☐ 287　シーリングの施工は確実ですか。

(タイル貼り)

- ☐ 288　タイルに割れ、カケはありませんか。
- ☐ 289　平面性は取れていますか。
- ☐ 290　タイルの目地の通りは良いですか。
- ☐ 291　コーナー部分の通り、収まりは良いですか。

(金属板張り)

- ☐ 292　金属板にキズ、へこみ、折れ、曲がりはありませんか。
- ☐ 293　平面性は取れていますか。
- ☐ 294　金属板の通りは良いですか。
- ☐ 295　シーリングの施工は確実ですか。

(板張り)

- ☐ 296　板は破損していませんか。
- ☐ 297　板に、反り、曲がりはありませんか。
- ☐ 298　板にカビは生えていませんか。
- ☐ 299　板の通りは通っていますか。

7. 外構

　外構とは、敷地内の駐車場、門扉、塀、庭の大枠等のことをいいます。景観確保や防犯のためにも外構はしっかりとチェックしましょう。敷地内に水がたまったり、水はけの悪い場所がないかもチェックポイントです。

1 駐車場

　ほとんどの建売住宅には、コンクリート舗装された駐車場が付いています。今乗っている車または、購入予定の車が収まるかどうか広さを確認しましょう。乗降のためにドアを開けるスペースがあるかも忘れずに確認しましょう。また安全面から、車を出し入れするときの死角についても、重要なチェックポイントとなります。

CHECK POINT!

- □ 300　駐車場の大きさは確認しましたか。
- □ 301　駐車場の土間は水勾配が取れていますか。
  （実際に水を流して水たまりができないか試してみましょう。）
- □ 302　駐車場のコンクリートに大きなひび割れはありませんか。
- □ 303　駐車場に屋根がある場合、雨水が隣家に流れ込みませんか。
- □ 304　車を出し入れするときの安全性を確認しましたか。

建築豆知識

- **コンクリートのひび割れ補修**

　コンクリートにひび割れがあると、そこから雨水が浸入し、中にある鉄筋を腐食させます。鉄筋は腐食すると錆の分、体積が膨張するため、最終的にコンクリートの爆裂につながります。そうなってしまう前に、ひび割れの幅が広がったり、伸びたりと進行するようであったら、すぐに補修してください。補修方法で、簡単かつ確実な方法は注入です。粘度の高い注入材を時間を掛けてひび割れに注入します。注入材が硬化し、ひび割れを塞いで水の浸入を防ぎます。ほかにひび割れの表面をV字にカットし、仕上げ材を盛る方法もあります。

2 門扉

郵便受けやインターホンが道路にはみ出していないか確認しましょう。門扉は可動範囲をすべて動かしてみてください。内開きの場合は、玄関ドアとの位置関係に不都合がないか、外開きの場合は敷地から門扉がはみ出してしまい危険ではないか、十分確認してください。

CHECK POINT!

- ☐ 305　門の柱は垂直に立てられていますか。
- ☐ 306　門扉が道路にはみ出しませんか。
- ☐ 307　門扉の開閉はスムーズですか。
- ☐ 308　道路上にインターホンなどがはみ出していませんか。
- ☐ 309　インターホンは正常に作動しますか。
- ☐ 310　郵便受けはありますか。

ちょこっとコラム

●引っ越しの挨拶

(1) 現在住んでいる所

引っ越しの当日は忙しいので、ご近所の方々への挨拶は2～3日前に済ませておく方が良いでしょう。その時は、できる限り世帯主の方が挨拶するようにしましょう。賃貸住宅だった場合、大家さんや管理人さんにも、しっかり挨拶しておきましょう。部屋の明け渡しの手順や鍵の返却方法なども確認する必要があります。その際に、新住所を伝えることも忘れずに。結構、引っ越し後に連絡を取ることがあります。

(2) 新居

新居の周りへの挨拶は、引っ越し当日か遅くとも翌日には済ませましょう。できれば迷惑とならない時間帯に家族揃って出かけましょう。ご挨拶には500円～1,000円程度の日用品を持参すれば十分です。留守がちなお宅には挨拶状で代えることでもかまいません。

3 その他

　塀や土間、その他家の周囲の設備についてのチェックポイントを整理してみました。

CHECK POINT!

- ☐ 311　塀・フェンスは垂直、水平に立てられていますか。
- ☐ 312　外部照明はありますか。
- ☐ 313　外部照明器具は破損していませんか。
- ☐ 314　外部照明のスイッチの場所は確認しましたか。正常に作動しますか。
- ☐ 315　外部蛇口はありますか。水は出ますか。排水はスムーズですか。
- ☐ 316　水道のメーターボックスはしっかりと固定されていますか。
- ☐ 317　ガスメーターはしっかりと固定されていますか。
- ☐ 318　電気メーターはしっかりと固定されていますか。
- ☐ 319　換気扇フードはしっかりと固定されていますか。
- ☐ 320　外部コンセントはありますか。また、位置を確認しましたか。
- ☐ 321　外壁貫通配管等のシーリングはしっかりとされていますか。
- ☐ 322　水はけの悪いところはありませんか。
- ☐ 323　門扉周囲の土間は水勾配が取れていますか。
　　　　（実際に水を流して水たまりができないか試してみましょう。）

ちょこっとコラム

- **排水のシステムの確認は忘れずに！**

　下水道が完備されているところでは問題ありませんが、そうでないところでは排水システムの確認を必ず行ってください。そのようなところでは浄化槽を使用することになりますが、まれに2戸の住宅でひとつの浄化槽を共有しているものがあります。

　今後の費用、メンテナンスの面で面倒ですし、また能力的に無理をしているために故障が多くなります。

　このような物件は、購入を控えましょう。

　今時、吸い込み式（地下浸透式）の住宅はまずないと思いますが、念のため確認してください。

第Ⅲ編

契 約

　さあ、いよいよ契約です。契約書を読んでみてください。何が書いてあるかすぐに理解できますか。ほとんどの方は、2度、3度読み返してみても、なかなか理解できません。難しい表現や専門用語に惑わされてしまいます。でも、安心してください。第3編では、皆さんが不利な契約を結んでしまわないように、あらかじめ注意しなければいけないこと、契約書に記載されていなければならないことなどをレクチャーします。契約日の前日までに予習しておきましょう。

気に入った物件に不具合がなければ契約になります。業者は早く契約を済ませようとして、いろいろとせかしてきます。建て売り住宅の場合、営業マンにとって住宅完成から売却までの時間短縮が至上命令なのです。しかし、皆さんはあわてることは全くありません。十分時間を掛けて検討してください。そして、本当に気に入ったら契約をしましょう。不動産を購入することは、私たち一般庶民にとっては一生のうちそう何回もあることではありません。大きな出来事です。しかし、業者は違います。不動産の売買で商売をしているのです。業者にとって不動産のお客様は一見のお客なのです。車のように何回も売買をする関係とはならないからです。

　「ちょっとまずいかな……でも契約まで黙っていよう。さらっと説明すれば気が付かないかもしれないし……」、「何とか誤魔化すしかないなあ。まあ、相手は素人だし……」などと考える営業マンもいて当然です。会社ぐるみで誤魔化しをしている業者も少なくないことも残念ながら事実です。不安、不審な部分については、多少自己の費用がかさんだとしても専門家に相談するなど、時間をかけてでも確認し、納得してから契約することが重要です。

　契約書にしてもそうです。面倒くさがってしっかり読まなかったり、内容を理解せずにハンコを押してしまう傾向があります。皆さんはそのようなことはしないでください。自分の大切な買い物なのですから。

　住宅の購入は次のような流れで進みます。
（1）購入の意思表示　　　（6）融資決済
（2）重要事項説明　　　　（7）残金の支払い
（3）不動産売買契約締結　（8）登記書類の受領（抵当権設定）
（4）手付け金の支払い　　（9）鍵の受領
（5）融資の申し込み

　もしわからないことや疑問に思うことがあったら、業者ではなく融資担当予定の銀行の人に聞いてみることも有効です。銀行の担当者は多くの不動産売買案件をこなしてきています。一般的な流れについてお客様の立場に立った適切なアドバイスをしてくれます。

ちょこっとコラム

● 契約とは

　契約というと、会社との雇用契約や、アパートの賃貸契約をまず思い浮かべるのではないでしょうか。でも、皆さんは、もっと身近なところで毎日のように契約行為をしています。例えばコンビニやスーパーでの買い物も、売買契約という契約をしていることになります。契約書ががなくても契約は結ばれているのです。契約書は、契約内容を確認するためのものであるということを理解しておきましょう。口約束も、契約の一つです。

　さて、契約が成立すると、当事者間の合意がなければ一方的に解約できない（クーリングオフという制度もありますが、クーリングオフの対象は限られています）こととなります。慎重に内容を検討しなくてはなりません。ですから、契約書を交わす時には、知ったかぶりをすることはやめましょう。わからないことは、納得できるまで質問することが大切です。「聞くは一時の恥。聞かぬは一生の恥」を心がけてください。

1. 契約前にすること

1 購入の意思表示

　物件を購入することを決めたら一般的に「買付証明」を業者に提出します。これにより、およそ１週間物件を押さえることができます。契約前に撤回することもできますが、業者にも迷惑をかけることになりますので、十分に検討し購入意志が７～８割固まってから提出するのがマナーでしょう。

　現在はあまり見かけなくなりましたが、業者によっては「申し込み証拠金」を添えて「購入申込書」を提出して欲しいという場合もあります。「申し込み証拠金」の金額は５万円～10万円程度です。この場合も解約することは可能です。当然ながら「申し込み証拠金」は返還されます。しかしながら、事例として「申し込み証拠金」が返還されなかったり、事務手数料などと称して一部が返還されなかったりということもあるようです。そのようなトラブルを避ける意味でも「申し込み証拠金」を支払うときには、購入申込みを撤回する場合、全額返還してもらえることの確認をしておくことが良いと思われます。いずれにしろ、購入意志がどれだけあるのかを明確にしておきましょう。

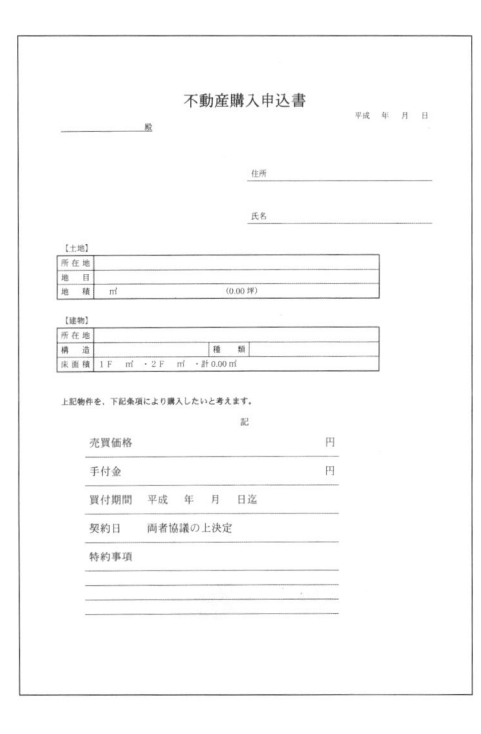

CHECK POINT!

- ☐ 324　購入意志は十分に固いものですか。
- ☐ 325　申し込み証拠金を支払う場合、その額は５万円～10万円程度ですか。多く払いすぎていませんか。
- ☐ 326　申し込み証拠金を支払う場合、申込み証拠金の返還について確認しましたか。
- ☐ 327　申し込み証拠金を支払う場合、申込み証拠金の受領書を業者からもらいましたか。

2 重要事項説明

　宅地建物取引業法では、業者は購入者に対し、売買契約締結前に「重要事項説明」を行わなければならないと定めています。大変重要な内容の説明なので、事前にコピーや資料をもらい、わからないことや質問したいことなど書き出しておき、当日確認できるように準備しておきましょう。なお、重要事項説明は不動産業者の「宅地建物取引主任者」が「宅地建物取引主任者証」を提示してから行うことが義務づけられていますので、提示しないときには提示するように求めて下さい。また、説明は文書の交付と口頭の両方で行うよう定められています。もし、このような基本的なことを行わないような業者、会社であったなら、契約をしない方が良いでしょう。

CHECK POINT!

☐ 328　重要事項説明は受けましたか。

☐ 329　重要事項説明前に「宅地建物取引主任者」が「宅地建物取引主任者証」を明示しましたか。

　説明事項と注意事項は次のようなものです。

1）不動産の表示

　購入する不動産について記載されています。所在・地番を公図・謄本と比較して間違いがないことを確認しましょう。また、権利が所有権であることの確認も忘れずに行ってください。

CHECK POINT!

☐ 330　所在・地番を権利書、謄本で確認しましたか。

☐ 331　権利内容を確認しましたか。

2）売り主に関する事項

　売り主の氏名・住所が書かれています。まれにですが、売り主の名前と謄本の所有者の名前が異なっていることがあります。これは売り主と所有者の間で売買契約が締結されたか、または売買契約の予約がある場合に起こる現象です。同一不動産の売買が短期間の間に連続して行われる場合に登記料を節約するために行われます。必ず売買契約書か、売買予約書があるはずですので確認してください。

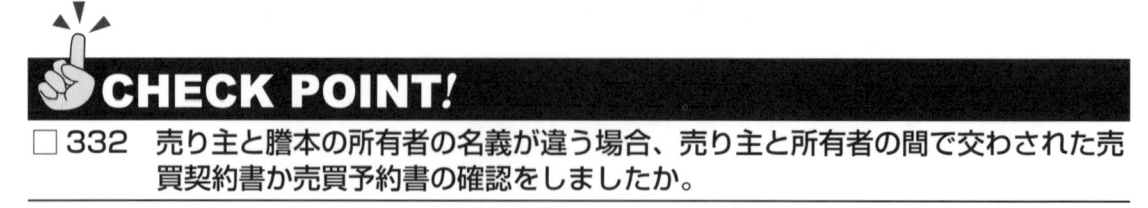

CHECK POINT!

☐ 332　売り主と謄本の所有者の名義が違う場合、売り主と所有者の間で交わされた売買契約書か売買予約書の確認をしましたか。

3）登記簿に関する事項

ここには登記簿謄本の内容が書かれています。権利関係の確認をしましょう。抵当権、借地権、質権などの有無を必ず確認してください。また、登記簿謄本の日時にも注意してください。できるだけ直近のものが望ましいといえますが、1ヶ月程度前の日付であれば問題ないでしょう。何年も前の日付などということはないはずですが、確認しましょう。

CHECK POINT!

- ☐ 333　権利関係の確認はしましたか。
- ☐ 334　登記簿謄本の日時は最近のものですか。

4）法令に基づく制限の概要

都市計画法・建築基準法・土地区画整理法・農地法などによってこの土地がどのような制限を受けるかが記載されています。当然のことですが自分の土地だからといって、何でもできるということではありません。納得いくまで質問をして十分な説明を受けてください。

一番重要なことは、その土地が住宅を建築することができる用途地域であるかということです。用途地域の確認を行い、住宅を建築することができる土地であることを確認してください。また、違反建築となっていないかについても確認してください。敷地の制限面積、建ペイ率、容積率についてチェックしましょう。違反していると融資が受けられません。

CHECK POINT!

- ☐ 335　用途地域を確認し、住宅を建築することができる土地であることを確認しましたか。
- ☐ 336　敷地の制限面積を確認しましたか。
- ☐ 337　建ペイ率、容積率は確認しましたか。
- ☐ 338　この建売住宅は、法令に基づく制限に違反していませんか。

5）私道負担に関する事項

売買される土地に私道が含まれているかどうかが記載されています。私道負担がある場合、当然ながら私道のメンテナンス費用が発生した場合（例えば舗装が傷んだので直した場合）など、支出が発生します。また、建ペイ率や容積率は私道部分を除いた敷地面積で計算しなければなりません。間違って私道を含めて計算していないか、確認してください。

建築豆知識

- **敷地の制限面積**

    第一種低層住居専用地域および第二種低層住居専用地域では、建築物の敷地面積を一定以上としなければならない場合があります。一つの敷地を複数の小さい敷地に分割して開発を行うと、良好な住環境が得られなくなるおそれがあるため制限を設けています。この「敷地面積の制限」は都市計画で規定されます。

6）飲用水・電気・ガス・排水施設の整備状況

直ちに利用可能な施設と記載されている場合は、いつでも敷地内に引き込める状態を表しています。建売住宅の場合は既に利用できる状態となっているはずですから、記載内容は気にしなくても大丈夫です。

7）代金や賃貸料等以外の金銭の額と目的

売買代金の内訳と手付金の額などが書かれています。金額に相違がないか確認しましょう。また、手付け金は売買代金に充当されると記載されていることを確認してください。

CHECK POINT!

☐ 339　金額を確認しましたか。

☐ 340　手付け金は売買代金に充当されると記載されていますか。

8）契約の解除に関する事項

買い主が手付け金を支払った後になって解約する場合の条件が記載されています。買い主の事情で契約を破棄するときは、手付け金を放棄しなければなりません。逆に売り主の事情で契約が解除されたときは、売り主は、手付け金の倍額を買い主に支払わなければならないこととなっています。ただし、一方が契約で定められた行為を開始してしまうと解約できません。また、買い主が銀行からの融資を受けられなかった場合、契約は白紙撤回されるというローン特約について記載されていることを確認してください。これに該当するときは、当然ながら支払った手付け金も一切が返還されます。違約金を支払う必要もありません。必ず確認してください。

CHECK POINT!

☐ 341　ローン特約について記載されていますか。

もし、違約金等の名目で、手付け金の全部または一部が返還されない内容となっていたら……

アウトーッ!!　**購入してはいけません***!!!*

契約内容が一方的です。顧客を大切にしようとする会社の姿勢がないと思われます。

MEMO

第Ⅲ編　契約

9）手付け金等の保全措置の概要

　手付け金の額が売買代金の10パーセントまたは1,000万円を超える場合、売り主は、「手付け金の保全措置」をしなければならないと義務づけられています。これは多額の手付け金を支払った後に建築会社が倒産するなどした場合に、買い主に被害が発生しないようにするための措置です。

　10パーセント以下または1,000万円以下の場合は、手付け金の保全措置は義務づけられていませんので注意が必要です。保全措置については、手付金等の額を銀行などが連帯保証する方法（保証委託契約）や、保険会社に保険を掛けておく方法（保証保険契約）などがありますが、いずれの場合も書面で契約し、買主に契約書面を渡さなければならないこととなっています。

CHECK POINT!

- □ 342　手付け金の保全措置は確認しましたか。
  保全措置が執られていなければ、手付け金を支払う必要はありません。
- □ 343　保全のための契約書を受け取りましたか。

ちょこっとコラム

- **建物の防犯**

侵入行為を諦めさせる4つのポイント。

① **時間**
　開口部から侵入する場合、侵入するまで5分以上かかってしまったら、諦めるという統計があります。

② **人の目**
　家の中をのぞかれることは気持ちの良いものではありませんが、それを避けようとして、高い塀をつくるなど過剰に目隠しをすることは、逆効果です。
　敷地の中に入ってしまいさえすれば、仕事がやりやすいのだそうです。人目につきやすい方が侵入しにくいということですね。

③ **音**
　砂利を敷く、犬を飼う、警報機を付けるなど、音が発せられるようにしておくと、敬遠されるようです。

④ **光**
　玄関の常夜灯・センサーライトの設置など明るいところは近づきにくいようです。
　防犯対策は地域全体で取り組むことで、よりいっそうの効果をあげます。日常的にご近所の方とコミュニケーションを取っておくことも大切な防犯対策です。

2. 契 約

１ 不動産売買契約書

　重要事項説明を受けて納得したら、いよいよ契約書の内容確認です。
　ところで、契約書というものは普段あまり目にする機会がありません。ましてや、不動産売買契約書は聞き慣れない言葉が多く、不動産や建築の知識のない人にとっては理解しにくいものです。だからといって契約書に捺印してしまったら「そんなことだとは知らなかった」、「気が付かなかった」、「見落としていた」は一切通用しません。契約書に書かれていることがすべてです。それ以上でもなくそれ以下でもありません。
　しっかりと内容を理解し納得してから捺印してください。わからないことはどんどん質問することです。知ったかぶりや、思いこみはトラブルのもとです。

　不動産売買契約書の内容は次のようなものです。
　　1）売買価格
　　2）手付け金
　　3）残金
　　4）取引面積
　　5）引き渡し及び所有権移転登記申請の時期
　　6）権利の抹消
　　7）費用等
　　8）登記名義人の変更
　　9）収益及び負担の有無
　　10）保管責任及び危険負担
　　11）瑕疵担保責任
　　12）失権約款
　　13）違約金
　　14）仲介者の報酬
　　15）ローン融資特約

　どの項目も非常に重要です。納得できるまではハンコを押してはいけません。時間と手間を惜しまず確認しましょう。
　通常、契約書は３通作り、売り主、買い主、仲介者がそれぞれ１通ずつ所持します。

１）売買価格
　物件の売買価格が明記されています。消費税込みの価格になっていますので、間違いのないことを確認してください。

CHECK POINT!

☐ 344　金額に間違いはないですか。また、消費税込みの金額ですか。

2) 手付け金

　手付け金の額が明記されています。手付け金は売買価格の 10 ～ 20 パーセントが一般的です。また、手付け金が売買代金の一部であることが記載されています。

CHECK POINT!

☐ 345　手付け金の金額は明示されていますか。
☐ 346　手付け金は、販売価格の 10 ～ 20 パーセントですか。

3) 残金

　買い主が残金を支払わなければならない期限が明記されています。

CHECK POINT!

☐ 347　期限の日付は入っていますか。

4) 取引面積

　この取引は、公簿取引で実測面積と登記簿上の面積が違っていても、買い主、売り主ともに異議を申し立てないという内容のことが書かれています。

5) 引き渡し及び所有権移転登記申請の時期

　売り主に対して、残金を受け取ったと同時に、買い主に物件を引き渡すこと、および所有権移転登記申請を行うことを義務づけると同時に、買い主に対して、残金を売り主に支払うことを義務づけています。

6) 権利の抹消

　売買物件に抵当権、質権、先取り特権などの所有権を侵害する権利の登記がある場合は、売り主は所有権移転登記申請手続きの前までに完全にそれらの権利を抹消しなければならないことを義務づけています。

7) 費用等

　所有権移転登記にかかる費用の負担について書かれています。
　売り主が負担するのが、所有権移転及び保存登記の売り渡し関係のものです。
　買い主が負担するのが、この契約によって起こる所有権移転登記手続き費用、建物の表示・保全登記費用、登記簿謄本の実費です。
　契約書に貼る印紙代は、双方の負担となります。

8）登記名義人の変更
　所有権移転、保存登記の際に、登記名義人を誰にしても売り主は異議を申し立てないことが書かれています。

9）収益及び負担の有無
　売買物件より生じる収益、負担の精算に関することが書かれています。収益、負担が発生した場合は、引渡日を基準として日割りで精算すると明示されています。例えば、公租公課ならびに電気、水道、ガス等の料金について、引渡しの前日までは売り主の負担とし、以降は買い主の負担とするなどと記載されます。

10）保管責任及び危険負担
　引き渡しまでに天災地変、火災等により損害が発生したときなど、その損害を売り主が負担するのか、買い主が負担するのかについて記載されます。売り主がすべて負担するとなっている内容もあれば、そうでない場合もあります。しかし、買い主に責任がなく、買い主が契約の目的を達成することができない場合には、買い主はこの契約のすべてを解除することができます。

11）瑕疵担保責任
　なかなか聞き慣れない言葉ですね。瑕疵とは法律用語で「キズ、欠点」という意味です。ここで言う瑕疵とは、住宅が本来備えていなければならない品質や性能に関する欠陥を意味します。瑕疵担保責任とは、住宅に瑕疵が発見された場合、売り主が買い主に対して負わなければならない責任のことです。新築住宅の場合、基本構造部分（基礎・建物本体・屋根など）の瑕疵担保責任期間は10年間と定められています。

CHECK POINT!
☐ 348　瑕疵担保責任期間について明記されていますか。

12）失権約款
　買い主、売り主がこの契約書を守らないときは、契約を解除できると書かれています。

13）違約金
　前項の契約解除にあたり、売り主が違反をしたことにより解除となった場合は、売り主は買い主に手付け金の倍額を払わなければならないこと、および買い主が違反をしたことにより解除となった場合は、手付け金を違約金に充当するという内容が記載されています。

14）仲介人の報酬
　仲介業者が存在した場合、仲介業者の報酬について明記されています。

15）ローン融資特約（ローン特約）
　非常に重要な項目です。融資を申し込んだのに融資実行が不可能になった、早く言えばお金が借りられなくなった場合のことが書かれています。この場合は、契約は白紙撤回となり、売り主は買い主に手付け金を返還すると書かれています。融資が不可能となった場合に、違約金（手付け金の半額など）を支払うような契約内容になっていないか確認しましょう。また、この特約の有効期限が書かれています。

CHECK POINT!

- □ 349　融資が不可能になった場合、契約は白紙撤回になると明記されていますか。
- □ 350　融資が不可能になった場合、違約金を支払うこととなっていませんか。
- □ 351　ローン特約の有効期限を確認しましたか。

2　手付け金の支払い

不動産売買契約締結時に手付け金を支払います。前にも述べましたが、手付け金の額は売買金額の10～20パーセントが一般的です。この手付け金は残金精算時に売買代金の一部として充当されます。

建築豆知識

- 買い換え特約

　今現在買い主が所有している不動産の売却を前提条件としている不動産の売買契約のことです。期日までに、売却できなければ契約は自動的に解除されます。契約は白紙撤回されますので、手付け金など、買い主がそれまでに支払った金額は全額返還されます。

MEMO

3. 契約後の手続き

1 融資の申し込み

契約後に融資の申し込みを行いますが、利用されている金融機関に事前に相談しておく方がよいでしょう。

ローン特約には期限がありますので、必要書類を事前に用意しておき、速やかに手続きできるように準備しておきましょう。

必要書類は次のようなものです。

- 印鑑証明
- 所得証明(源泉徴収票、納税証明書など)
- 住民票
- 売買契約書の写し
- 重要事項説明書の写し
- 登記簿謄本
- 公図、実測図

2 融資決済

融資申し込み手続きが完了すると、金融機関が審査を行い、審査を通れば融資決済が行われます。

3 残金の支払い、登記書類・鍵の受け渡し

残金の支払いは、一般的にローンを利用する銀行で行われます。買い主、不動産会社(売り主)、登記を代行する司法書士、銀行の担当者などが集まります。

ここで残金の支払い、固定資産税など公租公課の精算、諸費用の精算、登記書類の受け渡し、鍵の受け渡しなどが行われます。さあ、これでいよいよ家はあなたのものになりました。

登記書類の受け渡しは、所有権移転登記に必要な書類を受け取り、司法書士が登記手続きを行ったあととなります。同時に抵当権設定の手続きも行います。

第Ⅳ編

シックハウス症候群

　社会問題となっているシックハウス症候群について理解しておきましょう。いま現在、この病気には、残念ながらこれといった治療法がありません。ですから、予防することが最重要課題となります。
　第4編では、シックハウス症候群の症状、原因、予防対策について説明します。

1. 症状と原因

　新築の我が家に入居したら、「子供が喘息に」、「お母さんは目がチカチカする」、「お父さんは頭痛がひどくなった」------ さぁ大変。シックハウス症候群かもしれません。
　本来は体調が悪くなったら家で療養するのが当然ですが、このシックハウス症候群はそうはいきません。なぜなら「家」そのものが体調悪化の原因だからです。本来、安らぎの場であるはずの「わが家」が原因で病気になるなんて、考えもしなかったことでしょう。でも、実際に十分にあり得ることなのです。そうならないためには、どうしたらよいのでしょうか。また、そうなってしまったら、どうすればよいのでしょうか。
　シックハウス症候群なるものをしっかりと勉強しましょう。

1 シックハウス症候群とは

　そもそもシックハウス症候群とは何でしょうか。英語でシックは「病気」のことで、ハウスは当然「家」です。シックハウスとは、病気を引き起こす家、病気になる家というような意味になります。
　近年、新築の家やマンションあるいはリフォームをした住居に入居したら、様々な体調不良が生じたという報告が数多くあります。住宅の高気密化や化学物質(主にホルムアルデヒド)を放つ建材、内装材を使用したために、室内空気汚染が生じることが原因と考えられています。しかし、シックハウス症候群の症状は人によって様々で、症状発生の仕組みをはじめ、未解明な部分がまだまだ多いのが現状です。

1) シックハウス症候群のよくある症状
次のような症状が報告されています。
- 目が痛くなる、目やにがでる、目がチカチカする。
- 鼻がムズムズする、鼻水が出る、くしゃみがでる、鼻の奥がヒリヒリする。
- 頭が重い、頭痛がする。
- 集中力の低下、物忘れがひどい、脱力感、冷え性、倦怠感。
- 気分が悪くなる、吐き気を感じる。
- 体がだるい、イライラする。
- 喉がイガイガする、口内炎ができやすい。
- じんましんが出る。
- 痰がからむ、喘息の発作が出る。
- 食欲不振、腹痛、便秘、下痢。
- 肩こり。

　症状は個人差が大きく、また、発症のしかたも様々なため、他の病気の初期症状と間違えられることがよくあります。そのため、この病気はなかなか認定されませんでした。
　今やシックハウス症候群の患者は、全国で100万人を超えると推定されています。人体に深刻な影響を及ぼすため大きな社会問題になっています。

2　シックハウス症候群の原因

1）建材などから発散される化学物質（ホルムアルデヒド）

現在、シックハウス症候群の原因として最も注目されているのはホルムアルデヒドという化学物質ですが、そのほかにもアセトアルデヒド、キシレン、トルエン、クロルピリホスなどといった物質も挙げられています。これらの物質は、建築建材、接着剤、塗料、シロアリ駆除剤、防虫剤などに含まれています。また、床ワックス剤、芳香剤、衣料のクリーニング剤、洗剤などの日用品やタバコの煙などにも含まれているそうです。化学物質以外の花粉、ダニの死骸、綿埃、ふけなども併せてシックハウス症候群の原因と考えられています。

2）室内の換気不良（高気密化住宅など）

近年の住宅は、ずいぶんと高機密化が進んでいます。また、共働きなど生活様式の変化から昼間の不在時間が長くなっており、換気という観点からは決して良好な状況とは言えません。室内に充満した様々な有害物質が拡散、放出されずに室内にとどまってしまうため、人体に大きな影響を及ぼすと考えられています。

ちょこっとコラム

- **シックハウスと換気**

生活様式の変化とは何でしょうか？　まず第一に核家族化があります。昔はおじいちゃん、おばあちゃんが同居していました。そのため、誰かしら家にいたので、窓を開けたし、扉を開けたりしていたため、自然と換気が十分になされていました。

共働きの家庭が増えて家を不在にする時間が長くなったことも、家の換気を悪くしている大きな要因でしょう。また、働いていなくても、女性が外出することは多くなっています。家事にかかる時間、労力が軽減されたので、奥様たちは趣味や習い事をする機会が増え、昔と違って女性が家を空ける時間が圧倒的に長くなっているのです。

ヨン様やきよしを追いかけて何処までも行ってしまいます……

いや、失礼。

- **真剣に取り組もう！**

シックハウス症候群とか花粉症など、発症してしまった方は本当にお気の毒です。でも、昔はこんな病気はなかったのではないか、という印象をお持ちになりませんか？　現代病と言われているからでしょうか。確かによく使用される言葉からイメージされていることもあるでしょう。しかし、一説では農業の発展に伴って、農薬が大量に使用されるようになったことが、このような現代病を引き起こす第一の要因ではないかと言われています。自然界にもともと存在しなかった物質には、やはり抵抗力が乏しいのでしょう。原因と考えられる物質を身辺に近づけないこと、体内の総量を少なくすることが、現在唯一の治療法です。地球温暖化といった問題もそうですが、私たちはもっと真剣に考えなければいけないのではないでしょうか。

2. シックハウス症候群対策

1 建築基準法に定められた対策

建築基準法では、シックハウス症候群対策として次のように規定しています。

1）使用建材に基準を設け、ホルムアルデヒドの発散を抑制する。

居室の内装、仕上げに使用する建築材料を、ホルムアルデヒド放散速度によって4段階の等級に分け、放散速度の大きい等級の材料については使用禁止としたり、換気回数に応じて使用面積に制限を設けています（表参照）。実際の工事には規制対象外建材（通称、フォースター）が使われることが一般的であるため、すべての建材がフォースターであることを確認することが重要です。フォースターの建築材料には必ず「F☆☆☆☆」のマークがどこかに（材料自体か梱包材に）表示されています。しかし、建て売り住宅の場合は確認が容易ではありません。なぜなら壁紙は裏面に、建具は梱包材に表示されていることが多いためです。工事工程写真や、業者への質問で確認してください。

フォースター

1. 内装に使用する建築材料について

等級区分	表示方法	ホルムアルデヒド放散速度（$\mu g/m^2 \cdot h$）	住宅等の居室での使用制限
建築基準法の規制対象外	F☆☆☆☆	5 以下	無制限に使用可
第3種ホルムアルデヒド発散建築材料	F☆☆☆	5～20	床面積の2倍の面積まで使用可。（換気回数が0.5回/h以上0.7回/h未満の時）
第2種ホルムアルデヒド発散建築材料	F☆☆	20～120	床面積の0.3倍の面積まで使用可。（換気回数が0.5回/h以上0.7回/h未満の時）
第1種ホルムアルデヒド発散建築材料	旧E2、Fc、または表示なし	120 以上	使用禁止

2. 使用面積の制限について

居室の種類	換気回数	第2種ホルムアルデヒド発散建築材料を使用した場合の制限	第3種ホルムアルデヒド発散建築材料を使用した場合の制限
住宅の居室	0.7回/h以上	床面積の約0.8倍まで	床面積の約5倍まで
	0.5回以上0.7回未満	床面積の約0.3倍まで	床面積の約2倍まで
その他の居室	0.7回/h以上	床面積の約1.1倍まで	床面積の約6.6倍まで
	0.5以上0.7回/h未満	床面積の約0.7倍まで	床面積の約4倍まで
	0.3以上0.5回/h未満	床面積の約0.3倍まで	床面積の約2倍まで

2) クロルピリホスを含む建材等は使用禁止とされています。

　クロルピリホスは有機燐系殺虫剤で、農薬のほかシロアリ防蟻剤として用いられてきました。しかし、シックハウス症候群の原因物質の一つであるため、平成12年12月に室内濃度の指針値が設定され、さらに平成14年7月の建築基準法の改正で建材への使用が禁止されました。

CHECK POINT!

☐ 352. 使用した建材がフォースターであることを確認しましたか。

フォースター以外のものを使用していたら……

アウトーッ!! **購入してはいけません！！！**
　　　　　　後々シックハウス症候群を発症する可能性があります。

3) 空気中に発散されたホルムアルデヒドを屋外に排気する。

　すべての住宅の居室について24時間の機械換気をすることが義務づけられています。設置が義務づけられている機械換気設備の能力は「0.5回（1時間当たり）」以上のものとされています。これは、2時間で建物全体の空気が1回入れ替わる換気量のことです。残念ながら素人にはイメージがわきませんね。何と言っても空気は見えませんから。専門家が作成した換気計画図面に基づいて、その図面どおりに施工されているかがチェック項目です。

　確認する箇所は、給気口の位置、換気扇の位置、建具のアンダーカットの位置等です。

アンダーカット

建築豆知識

- アンダーカット
　室内の換気を目的として、ドアの建具の下に1cm程度の隙間を設けること。
- 換気計画図面
　24時間機械換気をする上で、給気口、排気口等の位置を示してある図面。
- ホルムアルデヒド
　刺激臭のあるガス状の有機化学物質。合板や壁紙用接着剤などに含まれており、目、鼻、のどなどの粘膜を刺激して、セキやクシャミ、炎症を引き起こすことがある。

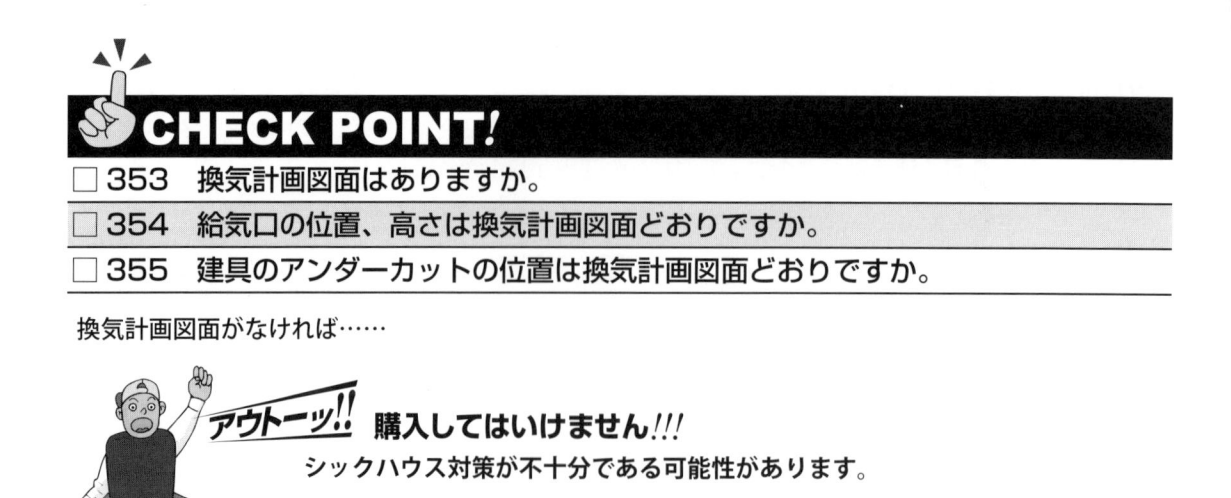

CHECK POINT!

- ☐ 353 換気計画図面はありますか。
- ☐ 354 給気口の位置、高さは換気計画図面どおりですか。
- ☐ 355 建具のアンダーカットの位置は換気計画図面どおりですか。

換気計画図面がなければ……

アウトーッ!! 購入してはいけません*!!!*

シックハウス対策が不十分である可能性があります。

MEMO

2 購入者が行う対策

フォースターの材料が使用されているかどうか確認が困難な建て売り住宅について、調査の方法と対策についてご紹介します。

1）シックハウス測定

専門家に依頼すればシックハウス症候群の原因物質であるホルムアルデヒドやキシレン、トルエンなどの濃度測定をすることができます。

主な測定方法としては、アクティブ法（吸引法）とパッシブ法（拡散法）があります。

測定値が基準法内に収まっていればまず安心ですが、基準値を超えているようであれば購入は見合わせた方がよいでしょう。ただし、敏感な人は、基準値内の濃度であってもシックハウス症候群にならないとは限りません。

測定費用はおおよそ 10 万円ほどです。決して安くはありませんが、念には念を入れ、シックハウス測定を行うことをお勧めします。

CHECK POINT!

☐ 356　シックハウス測定は行いましたか。
☐ 357　シックハウス測定値は建築基準法の基準内ですか。

測定値が基準値を超えていたら……

アウトーッ!!　購入してはいけません!!!
好んで病気になろうとすることは愚の骨頂です。

2）化学物質を使ったシックハウス対策

居室内の壁や建具、備え付けの家具などに、リン酸系の薬品を吹き付け、化学反応を利用して有害物質を分解させる方法があります。実験データでは、効果的であるという結果が出ています。

業者に問い合わせてみてはいかがでしょう。

建築　豆知識

- **アクティブ法**
  アクティブ法は、室内の空気をポンプを用いて有害物質に応じた捕集管に採取し、それを分析機に掛けて個々の物質の濃度を測定する方法です。標準法ともいいます。
- **パッシブ法**
  パッシブ法は、サンプラーと呼ばれる採取キットを室内に 24 時間つるしておき、採取した空気中の有害物質の濃度を測定する方法です。

第Ⅴ編

地震と建物

　地震は、一瞬にしてあなたや家族の命、財産を奪ってしまうことにつながるかもしれない災害です。今世紀に入ってからも、世界的に大地震による被害が発生しています。日本は地震が多発する国です。本来であれば、過去の教訓を踏まえてそれなりの備えをしていなければなりません。でも、実際はどうでしょう。大地震が発生した直後は、その被害報道などで大騒ぎしますが、数週間も経てばもう忘れ去られてしまうか、話題になったとしても昔話となってしまいがちです。危機感の希薄さを感じているのは、私だけでしょうか。

1. 地震

私たちが住む日本は、ご存じのように「地震大国」です。歴史的にも大地震が数多く発生したことが記録されています。阪神淡路大震災、新潟中越地震はまだまだ記憶に鮮明に残っていることでしょう。

住宅の耐震の話に入る前に、少し地震のことを勉強しましょう。

1 地震の種類

地震の種類には大きく分けて次の3種類があります。

1）プレート境界型地震

地球の表面はプレートと呼ばれる10数枚の固い岩盤に覆われています。プレートのさらに下にはマントルと呼ばれる層があり、地球内部の熱によって対流しています。プレートはマントルの上に浮かんでいるような状態で、マントルの対流の動きに合わせて少しずつ移動し、押し合いへしあい、ぶつかりあったり、下に潜り込んだりしてお互いに影響しあっています。プレートどうしの接点では"ゆがみ"や"ねじれ"という形で常にエネルギーが蓄積されていきます。"ゆがみ"や"ねじれ"が一定の限度を超えるとプレートが元の状態に復元しようと反発し地震が発生します。以上がプレート境界型地震のおおまかな発生メカニズムです。

日本は、ユーラシアプレート、北米プレート、太平洋プレート、フィリピン海プレートと呼ばれる4枚のプレートが接している部分に位置しています。これが日本で地震が多発する要因の一つです。

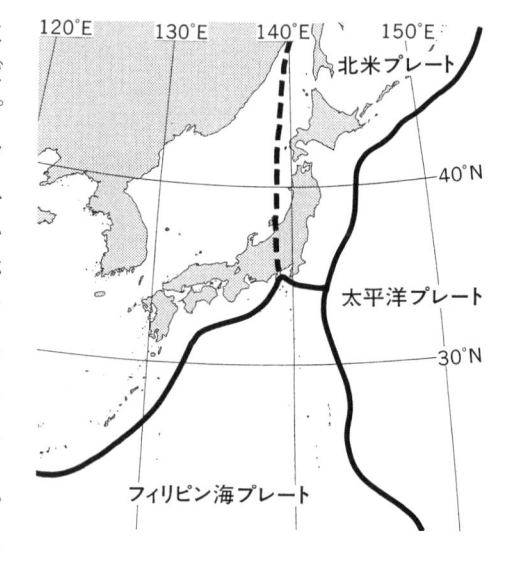

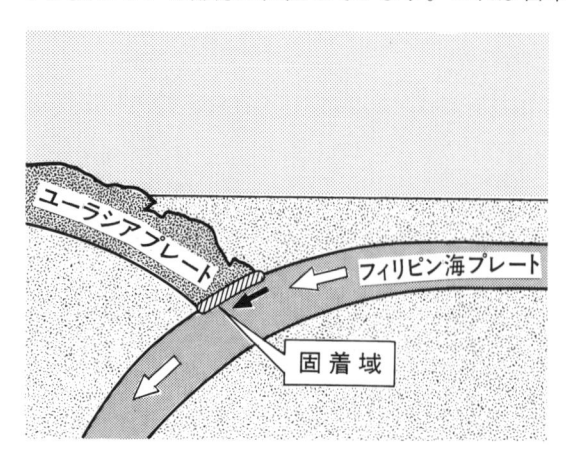

プレートの動き

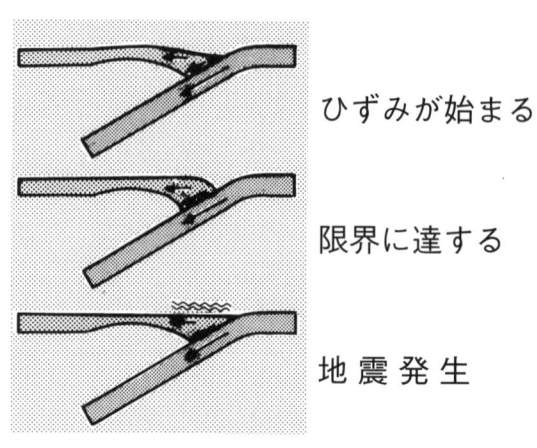

地震が起こるまでのメカニズム

2) 断層型地震

プレートどうしが押し合いへしあいしている中で、プレートの内部で破壊またはズレが起こり、これにより発生する地震を断層型地震と呼んでいます。このタイプの地震は震源が内陸であるため大きな被害をもたらすことになります。よく直下型地震という言葉を耳にしますが、これは断層型地震のうち、震源が地表近くにある場合に用いられます。阪神淡路大震災、新潟中越地震がこのタイプです。

3) 火山性地震

火山の噴火に伴って発生する地震です。局地的に発生し、火山活動に連動するので、時間的にも火山活動が収まるまでの長期に渡ることが知られています。

2 地震による建物倒壊

阪神大震災の死者のおよそ8割が建物の下敷きになって亡くなったという報告があります。実際に数多くの建物が倒壊してしまいました。しかし、一方では倒壊しなかった建物もありました。倒壊した建物としなかった建物——いったい何が命運を分けたのでしょうか。主な要因は次のようなものと考えられます。

① **壁量の不足**
壁は、建物の耐震性能を確保する重要な要素です。壁量が少ないと、建物は倒壊しやすいと言えます。壁量不足は建物にとって致命的な欠点なのです。

② **アンバランスな壁の配置**
壁量は十分でも、その配置バランスが悪いと力が部分的に集中してしまったり、地震時に揺れが増幅されることがあります。その結果、建物にねじれ現象が発生し、倒壊の原因となることがあります。

③ **柱・梁と筋交いの接合不良**
柱・梁と筋交いに接合不良があると、大地震時に柱・梁から筋交いが脱落してしまい、壁の強度が小さくなってしまいます。そうなると当然、倒壊しやすくなってしまいます。

④ **ほぞ抜け**
地震の揺れによって柱が土台から抜けてしまうことをほぞ抜けといいます。ほぞ抜けは建物にとって致命傷です。すぐに倒壊してしまいます。

ちょこっとコラム

● **地震に対する備え**

阪神淡路大震災に被災された方が、実際に役にたったと実感したグッズはどんな物だったと思いますか？ 飲料水や食料は当然ですが、身近な物で意外に役立ったグッズを紹介します。いざという時に備えて、ひとまとめにしておき、すぐに持ち出すことができるようにしておきましょう。

- ・ビニール袋　　・ラップ　　・軍手(手袋)　　・紙製食器
- ・使い捨てカイロ　・生理用品　・カセットコンロ　・ウェットティッシュ

建築 豆知識

- **マグニチュード**

  地震エネルギーの強さを表す単位です。数値が大きいほど大きなエネルギーであることを表しており、日本ではマグニチュード7以上の地震を巨大地震と呼んでいます。マグニチュードの数値が1大きくなると地震エネルギーは32倍になります。したがって、数値が2大きくなると32×32＝1,024倍にもなります。

- **震　　度**

  地震の震動の強さを表す数値です。震度は、震源地に近いほど大きく、遠くなるに従い小さくなります。したがって、震度自体で地震の大きさを測ることはできません。震度は10段階あり、次のように規定されています。

    震度0……人は揺れを感じない。
    震度1……屋内にいる人の一部が、わずかな揺れを感じる。
    震度2……屋内にいる人の多くが揺れを感じる。電灯などつり下げられたものが、わずかに揺れる。
    震度3……屋内にいる人のほとんどが揺れを感じる。棚にある食器類が音を立てることがある。
    震度4……眠っている人のほとんどが目を覚ます。座りの悪い置物が倒れることがある。
    震度5弱……一部の人が行動に支障を感じる。家具が移動し、食器や本が落ちることがある。
    震度5強……多くの人が行動に支障を感じる。タンスなど重い家具や、屋外では自動販売機が倒れることがある。
    震度6弱……立っていることが困難になる。壁のタイルや窓ガラスが壊れ、壁に亀裂が生じるものがある。
    震度6強……立っていられず、這わないと動くことができない。戸が外れて飛ぶことがある。ブロック塀が崩れる。
    震度7……自分の意志で行動ができない。大きな地割れ、山崩れ、建物の倒壊が多発する。

ちょこっとコラム

- **サバイバル体験の勧め**

  大地震が発生した時には、当然ながら公共の交通機関はストップしますし、道路もあちこちで寸断され、帰宅困難者（帰宅難民）が数多く発生することについては、皆さんもよくご存じのことと思います。あなたは、自分がそうなってしまった時の準備をしていますか？　人ごとのように考えていたら、いざという時に大変な思いをすることとなりますよ。スニーカー、携帯ラジオ、懐中電灯、地図は会社にも用意しておきましょう。また、ご家族との連絡の取り方、待ち合わせ場所なども決めておかなければなりません。実際に帰宅難民になったつもりで、歩いて帰宅してみることも、訓練の一つです。

2. 耐震

　耐震と言う言葉は地震に耐えると言う意味です。耐震住宅、耐震診断などなど。加えて、最近では制震、免震という言葉も使用されるようになりました。耐震、制震、免震――それぞれ似たような意味に思えますが、何か違いがあるのでしょうか。もう少し勉強しましょう。

1 耐震・制震・免震構造

1）耐震構造

　耐震構造は「力には力で」というイメージです。土台・柱・梁・筋交いをしっかりと金物などで堅固につなぐことにより、地震で建物が倒壊しないように頑丈にしてある構造です。抵抗力を強くすることを目的としているため、建物は倒壊しませんが、ひび割れが発生したり、部分的に傷んだりすることはしかたのないことと考えます。一方、家の中の揺れが増幅されるという欠点があるため、家具などが転倒しないように用心しておくことが重要です。

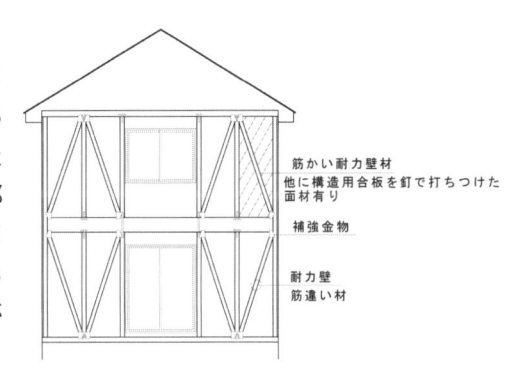

筋かい耐力壁材
他に構造用合板を釘で打ちつけた面材有り
補強金物
耐力壁
筋違い材

2）制震構造

　制震構造は「力をかわす」というイメージです。地震のエネルギーを吸収してしまうような特殊部材を、建物の構造材に取り付けるなどして地震の揺れを低減させます。家の中の揺れも増幅されることなく、家具等も転倒しにくくなります。

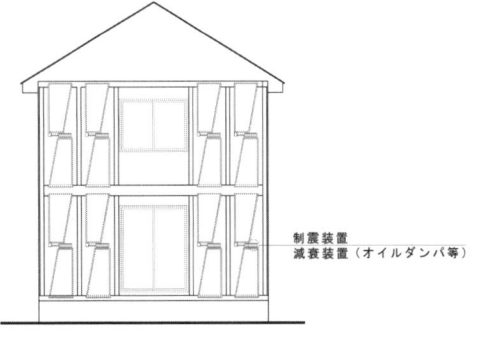

制震装置
減衰装置（オイルダンパ等）

3）免震構造

　免震構造は「力を伝えない」というイメージです。特殊な装置で地震の揺れを建物に伝えないようにします。揺れが伝わりにくいので、ダメージをほとんど受けません。もちろん家具も転倒しにくくなります。しかし、既存の建物に免震装置を取り付けるには、相当のコストがかかってしまいます。極端に言えば、もう一軒家が建つほどのコストがかかってしまうこともあります。

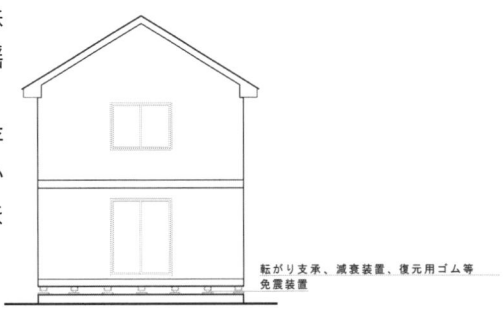

転がり支承、減衰装置、復元用ゴム等
免震装置

2 耐震診断

耐震診断とは、その建物が大地震（震度6強および震度7の地震）に遭遇したときに倒壊または大規模な損傷が起こるかどうかを現地調査を行い判定することです。

耐震診断の方法には次のような種類があります。

1）簡易耐震診断

簡単な診断表を用いることによって、誰でも行うことができます。間取り図などがあれば診断できますが、結果はあくまでも参考として考えなければならないレベルです。

2）一般耐震診断

建築の専門家（一級建築士など）が図面をもとに現地調査を行ったうえで、実際の地震に対する耐力を算出し、必要耐力と比較して診断する方法です。十分信頼できる診断法です。

3）精密耐震診断

一般診断をより精密に行う診断方法です。

一般診断では、図面をもとに診断しますが、例えば筋交いなど図面上あることとなっているが、現地調査で目視にて確認できない部位については、筋交いがないこととして計算します。つまりは安全側に計算することとなっています。したがって一般診断法によって計画された耐震補強の内容は、過剰に補強されている可能性があることとなります。当然ながらその分よけいなコストをかけてしまうこととなり、経済的な負担が大きくなります。

精密耐震診断はそこを考慮し、破壊検査を取り入れるなど現地調査をもっと丁寧に行い、実際の状況を正確に把握することとしています。

ちょこっとコラム

●耐震・制震・免震を人にたとえると

「耐震さん」は筋骨隆々のマッチョマン。下半身・上半身とも鍛えられています。どんな揺れ・衝撃にも耐える体力があります。強そうですね……でも、体力には限界があるものです。気を付けなくては……。

「制震さん」は不思議な体をしています。足・手・背中がゴムのように伸び縮みさせられるのです。ですから揺れや衝撃がいつの間にか吸収されています。下半身は少し揺れていますが上半身はあまり揺れていません。不思議ですね……。

「免震さん」はなぜか池の上に船を浮かべて立っています。ですから地面が揺れても船の上にいる免震さんはほとんど揺れません。これは良いですね。しかし、池をつくるのは高額な費用がかかりそうですね。

3. 建売住宅の耐震度チェック

　地震のことが少しおわかりになりましたか。それでは、皆さんが購入を検討している建て売り住宅の耐震性について考えてみましょう。新築の建て売り住宅の場合は、新しい耐震基準に沿って建築されていますのでまずは安心です。最近の建物は、建築基準法によって震度6強または震度7で倒壊しないように設計されています。

1 資料のチェック

　どんなに設計図がしっかりしていても、そのとおりに施工されていなければ、耐震性は確保できません。本来であれば、工事のポイントポイントでチェックしたいものです。しかし、建て売り住宅の場合、家は既に完成しています。その内部を確認することは困難です。
　繰り返しになりますが、この点が建て売り住宅の最も大きな欠点です。そこで、次の資料があるかどうか確認しましょう。これらの資料を見せてくれない、または、その資料がないような建物は購入を控えるか、専門家に検査をしてもらってから購入しましょう。

1) 地盤調査報告書
　地盤の強度が書かれています。いくら建物をしっかりと建てても、その下の地盤が軟弱では困ります。軟弱地盤に地盤強化工事を行わずに建てられた家は耐震性が致命的に劣ります。地盤調査報告書および地盤強化工事の施工報告書の内容はしっかり確認しなければなりません。

2) 筋交い計算書
　建物の強度を得るためにどこに筋交いを入れればいいか、または、入れなければならないか、何ヶ所必要かを計算したものです。家を建築する際には、必ず必要なものです。そのとおりに施工されたか、確認しなければなりません。

3) 各種金物使用区分平面図
　ホールダウン金物、アンカーボルトなど接合金物の使用位置、数量、太さなどが図面上に書き込まれています。そのとおりに施工されたか、確認しなければなりません。

CHECK POINT!

- ☐ 358　地盤調査報告書、施工報告書を確認しましたか。
- ☐ 359　筋交い計算書を確認しましたか。
- ☐ 360　各種金物使用区分平面図を確認しましたか。

本来はこれらの資料を確認することができなければ購入を控えるべきなのですが、残念なことに、多くの業者は見せることを嫌がります。これらの資料がなければ、家を建てることはできませんので、必ずあるはずです。しつこく要求してください。渋々でも出してくる業者ならば、施工に間違いないことを確認できれば購入しても良いと考えます。

CHECK POINT!

- □ 361　業者が資料の提出などについてまじめに対応してくれますか。
- □ 362　業者は専門家（住宅調査機関員）の調査を受け入れますか。

もし対応が悪かったり、調査を受け入れてくれなければ……

アウトーッ!!　購入してはいけません!!!
そのような業者は信用できません。隠れた問題があるのかもしれません。

2　間取りのチェック

　「わあ〜、このリビング広いわねえ」と奥様。「はい、ここがこの建物の特色でございます。なんと16畳の広さがあります」と業者。
　「それから、日当たりも最高だ。大きな窓で気持ちいいなあ」とご主人。「はい、南側の窓はどの部屋も大きく取ってあります。見晴らしも良いですよ」と業者。
　「それから部屋の角にある出窓がおしゃれ！　部屋が開放的に感じるわ」とまた奥様。「はいはい、そうでしょう‼　なんといってもあの窓にはお金がかかっていますから」と業者。
　しかし、耐震性から考えるとこのような家には隠れた大きな問題がある可能性があります。大きな開口部、広い空間はそれなりの補強を行わないと建物にとっての弱点となってしまいかねません。建て売り住宅は見栄えや第一印象が勝負です。どうしても、住宅の強度は後回しにされがちです。皆さんには、間取りなどの見栄えにとらわれることなく、建築物としての家を見ていただきたいと思います。なんといっても、家は皆さんの生命と財産を守るものなのです。どんなに見かけが良くても肝心の強度がなければ快適で安心な生活をすることができません。
　以下に弱点となりやすい構造を持つ建物を列挙します。
　(1) 建物の南面など、一面が大きな窓になっている建物。
　(2) 家の出隅（コーナー）が出窓になっている建物。
　(3) あまりに広いリビングなど、広範囲にわたって壁や柱がない建物。

CHECK POINT!

- □ 363　上記の(1)〜(3)に検討中の建物は該当しませんか。

該当する点があれば、安全であることの根拠を納得できるまで説明してもらいましょう。

第VI編

入居後の手入れ

　とうとう「マイホーム」を獲得しました。それも憧れの一戸建てです。お父さんもお母さんも、有頂天です。これまでの苦労がやっと報われた感じです。
　親戚やお友達を呼んでお祝いをしたり、玄関で「ハイ、ポーズ！」と写真を撮って、年賀状にしたり……。満足感や達成感で一杯です。

　この本に書いてあるとおり実践された方は、雨の日も風の日もいとわずに、休日も返上して何度も現地に足を運び、床下に潜ってほこりだらけになり、業者に聞きづらいことを質問し、辞書を開いたりあるいはインターネットを利用して専門用語を勉強したり等々、本当にすばらしい努力をされてきました。拍手喝采です。
　この最終章では、努力の結果、手に入れた「マイホーム」のメンテナンスについて少し触れておきたいと思います。当然ながら、日頃から手入れをしていれば、家は長持ちします。また異常が発生したときにも早期発見することができます。早期発見できれば、限られた部分のみの補修で済ますことができ、工事費を抑えることにもつながります。日常の手入れが大切なことをおわかりいただけると思います。それでも、いずれは改修工事が必要な時期はやってきます。それは避けられないことです。

1 日常の手入れ

　苦労してようやく手に入れたマイホームです。しかも、これから長期に渡ってローンを支払い続けなければなりません。普段からお手入れをして、少しでも長持ちさせたいものです。お手入れをマメにしている家と、そうでない家とでは傷み方が全然違います。ローン以外に修繕費を支払うような負担がないようにするためには、お手入れを欠かさないことが大変重要です。お手入れの方法について、いくつかご紹介します。

1) フローリング
① できるだけ乾燥した状態にしておくことが大切です。したがって、掃除機でゴミやホコリを吸い取り、乾拭きする程度とし、水拭きをしないほうが良いのですが、汚れがひどい時や、なんとなく綺麗になった気がしないという方は、固く絞った雑巾で水拭きしたあとに乾拭きをして、窓を開けるなどしてすぐに乾燥させましょう。
② シンナーなどの有機溶剤や、洗剤等はフローリングの塗膜を剥がしたり、色あせの原因となることがありますので、使用しないでください。
③ 3ヶ月に1度はワックスをかけましょう。ワックスは薄く塗りましょう。多量に塗ると黒ずみの原因になります。

2) 畳
① 畳の目を痛めないように、畳の目にそってホウキや掃除機をかけましょう。
② 汚れのひどい時など水拭きをするときは、畳の中に水分を浸透させないように固く絞った雑巾で畳の目にそって拭いてください。
③ 畳のへりに付着した汚れは、消しゴムで落とすことができます。
④ 畳の上にカーペットなどを敷くことは避けてください。ダニやカビの原因になります。
⑤ 1年に1回は畳を上げて干しましょう。
⑥ 2～3年で畳の表替えをし、その後2～3年で新しい畳に取り替えましょう。

3) CF（クッションフロア）シート
① 水をこぼした時など、CFシートの継ぎ目から下地材との間に水が回ってしまわないよう、すぐに拭き取ってください。
② 汚れがひどい場合は、住居用洗剤を用いて汚れを落とし、よく拭き取ってください。
③ 定期的に専用ワックスを塗っておくと、CFシートが長持ちするとともに、水はじきが良くなります。

4) カーペット
① 掃除機をカーペットの毛並みにそってかけてください。毛並みに逆らってかけると、毛足を痛めてしまいます。
② 掃除機で取りきれない毛髪などは、粘着ローラーで取り除いてください。
③ 部分的な汚れは、ゴシゴシこすらないで、汚れの外側から内側に向かって叩いたり、摘んだりして拭き取ってください。ゴシゴシこすると、かえって汚れを広げてしまうことになります。住居用洗剤や、カーペット専用洗剤を使用すると効果的です。
④ 全体的な汚れは、市販のカーペット用洗剤で全体をクリーニングします。クリーニング業者に頼むことも一つの方法です。
⑤ 醤油、ソース、コーヒー、紅茶などをこぼしてしまったら、ひとまず広がらないようにすばやく

拭き取った後、中性洗剤を用いて、汚れた部分を拭いてください。その後、数回濡らした雑巾で良く拭き取ってください。
⑥ 油、マヨネーズなどをこぼしてしまったら、まずティッシュ等でよく拭き取り、その後、歯ブラシなどと中性洗剤を用いて、汚れを落としてください。最後に数回濡らした雑巾でよく拭き取ってください。
⑦ ガムがついてしまったら、氷で冷やし固めてから叩くと取れやすくなります。その後、掃除機でゴミを吸い取ってください。
⑧ 家具などを置いておくと、ついてしまう跡は、スチームアイロンをかけたあと、歯ブラシなどで毛並みを整え、乾燥させると目立たなくすることができます。

5) ビニールクロス(壁、天井)
① 煙草のヤニは、住宅用の洗剤を4〜5倍に薄め、スポンジローラーで下から上に向かってムラなく塗布します。次に柔らかいブラシを使って、下から上にブラッシングして、汚れを落とします。最後に、乾かないうちに水拭きし、乾拭きをして仕上げます。クロスの目地部は目地にそってブラッシングしないと、クロスが下地から剥がれてしまうことがあります。
② カビは、放置しておくと、どんどんと広がってしまいます。住宅用洗剤をぬるま湯で薄めたもので拭き取ってください。ガンコなものは、市販のカビ取り材を使用したり、ブラシでこすって落とします。防カビ剤を塗布しておくと再発生を防ぐことができます。
③ 手垢は、軽度の物は消しゴムで落とすことができます。ひどい物は、住居用洗剤をぬるま湯で薄めたもので拭き取ってください。
④ クロスが剥がれてしまった場合は、下地の汚れを丁寧に掃除し、クロス用の接着剤を用いて貼り付けてください。その際、下地を十分に乾燥させてから接着剤を塗布することが肝要です。
⑤ シンナー、ベンジンなどは、変色の原因になるので使用しないこと。

6) 浴　室
① 換気を良くすることが肝心です。窓を開けたり、換気扇を回したりして十分に浴室内の水蒸気を排出してください。床や壁が濡れているのに換気扇を止めてしまってはいけません。
② 浴槽を硬いタワシやクレンザーを用いて洗うと、細かいキズが付き、湯垢などが入り込んで取れにくくなってしまいますので、注意してください。浴室用の洗剤とスポンジで掃除することが基本です。
③ カビは市販のカビ取り剤を使用します。それでも落とせないカビは、塩素系の漂白剤を塗り、30分程度おいてから、水で洗い流してください。
④ タイルやタイル目地のひび割れは、そこから水が漏れると周囲の木部を腐食させてしまうので、すぐに補修しなければなりません。シーリング材やパテでひび割れを塞ぎ、防カビ剤の入った塗料を塗ってください。

7) キッチン
① 流し台のステンレス部分には、傷が付いてしまうのでスチールタワシやクレンザーを使用しないこと。
② 流し台の下のキャビネット部分は、多湿となりやすい場所です。晴れた日など窓を開けると同時に、キャビネットの扉も開放して、しばらくの間、換気する習慣をつけましょう。
③ 鍋やフライパン、皿などの油は、キッチンペーパーなどで拭き取ってから洗うように心がけましょう。排水管に油が付着すると悪臭や詰まりの原因になります。また、2〜33ヶ月に1回は、市販のパイプクリーナーで排水管の清掃をしてください。

④ 熱湯を排水管に直接流すことは、排水管を痛めますので気をつけましょう。蛇口から水を流しながらなど、湯温を下げるようにしてください。
⑤ 換気扇やレンジフードは、1ヶ月に1回は清掃しましょう。また、フィルターも定期的に交換してください。汚れたままでは換気能力が悪くなり、室内を汚すこととなってしまいます。
⑥ ガスレンジ周囲の壁などに付着した油は、時間が経過するほど落としにくくなります。台所用の中性洗剤でこまめに拭き取ってください。ガンコな油汚れは、住居用洗剤を原液のままティッシュ等で10〜15分程度湿布すると落としやすくなります。

8）その他
① サッシやガラスの結露は、しっかりと拭き取ってください。その際、サッシ周囲の壁や床も濡れていないか、よく観察してください。床にまで水が溜まってしまうような場合は、結露を少なくするガラスやサッシ枠に変えるなど、恒久的な対策をしたほうが良いと考えます。
② 押し入れも風通しの悪い場所です。ましてや布団は汗を吸収しています。布団はまめに干し、その間、押し入れも開けっ放しにして換気するなどの対応が必要です。
③ バルコニーやベランダの手摺りなど、鉄部については、定期的に塗装し直す必要があります。3〜5年に1回は再塗装しましょう。サビが出ている部分はサンドペーパー等であらかじめサビを落としておかないと、上塗りをしてもサビは進行します。また、塗料が膨れているところは、ヘラ等で塗料をはがしてから塗装してください。全体をサビ止めで下塗りすることを忘れずに。
④ 雨樋は、詰まりがないか、はずれていないか、取り付け金物に緩みはないかを確認してください。雨水が縦樋以外の部位から流れ落ちたりしていたら、詰まっている証拠です。枯れ葉やホコリが溜まってしまうことが原因ですが、掃除をするといっても、高所作業になりますので危険が伴います。できれば、年に2〜3回は、業者に清掃を依頼することが望ましいと考えます。また、年数が経過すると、雨樋を取り付けている金具が緩んだり、抜けてしまうことがあります。そのままにしておくと、樋がはずれてしまいます。清掃と合わせて取り付け金具の点検もしてもらいましょう。
⑤ 電気器具の配線は、たこ足となっていませんか。また、差し込みプラグにホコリが溜まっていませんか。いずれの場合も火災の原因となります。冷蔵庫やテレビ、エアコンなどの差し込みプラグは、どこの家庭でも差しっぱなしです。また、見苦しくないよう、機材の後ろ側などに配置します。日常的に掃除をしづらいので、どうしてもホコリだらけとなっています。配線や配線器具が出火原因と考えられる火災は、いずれも統計的にワースト10にランクされています。すべてホコリが原因というわけではないでしょうが、少しでも安全にしておきたいものです。月に1度はきれいに掃除をしてください。基本的に掃除機でホコリを吸い取り、乾拭きします。汚れがひどい場合は、コンセントの元を抜いたり、ブレーカーを落として感電しないように対処してから、家庭用洗剤などを用いて濡れ拭きしてください。濡れ拭きしたあとは、よく乾燥させてから通電してください。

2 メンテナンスの目安

以下に、点検時期や改修時期の目安を一覧としました。これらを参考にメンテナンスの計画を立ててください。資金繰りを検討する上でも活用してください。

購入後のメンテナンスの目安(1)

部　位			劣化状態	点検実施の目安(年)	改修の目安(年)	取替えの目安
外部仕上げ	屋根材	瓦	ズレ、割れ	5	10	20〜30年で全面葺き替えを検討
		彩色石綿板コロニアル等	色褪せ、色落ち割れ、水切りの錆	4	10	15〜30年で全面葺き替えを検討
		金属板	色褪せ 色落ち	3	塗り替え 5	10〜15年で葺き替えを検討
		雨樋 塩化ビニール	詰まり、はずれ ひび、欠け	3	---	7〜8年で全面取り替えを検討
	外壁	モルタル塗り壁	汚れ、色落ち コケ、色褪せ クラック、はく離	3	トップコート 4	15〜20年で全面補修検討
		サイディング	汚れ、色褪せ 色落ち シーリング切れ 反り、破損	4	トップコート 4	15〜20年で全面補修検討
		ALC	汚れ 色褪せ、色落ち シーリング切れ 破損	4	トップコート 4	15〜20年で全面補修検討
		金属板 金属板サイディング	錆、汚れ 変形、緩み	3	塗り替え 5	15〜20年で全面補修検討
		板張り壁	反り、腐れ、浮間 汚れ、塗装の劣化	3	塗り替え 5	15〜20年で全面補修検討
	バルコニー	木製	腐れ、破損	1	3	15〜20年で全面補修検討
		鉄製	錆、破損	2	5	15〜20年で全面補修検討
		アルミ製	腐食、破損	3	—	15〜20年で全面補修検討
		防水 FRP防水 シート防水	漏水、破損、劣化	3	部分補修 不具合時	15〜20年で全面補修検討

購入後のメンテナンスの目安(2)

部位			劣化状態	点検実施の目安(年)	改修の目安(年)	取替えの目安
構造躯体	基礎	鉄筋コンクリート基礎	クラック 不同沈下 欠け	5	発生時補修	建て替え時更新
	床組み	土台	腐れ、虫食い	5	防腐防蟻処理 5	不具合発生時
		大引き、床束、根太	腐れ、虫食い きしみ、沈み	5	防腐防蟻処理 5	20年くらいで交換
	その他の構造躯体		腐れ、虫食い	5	―	不具合発生時
建具	外部建具	玄関・窓	建付け不良	2	建具調整随時	木製15〜20年 アルミ製25年
		網戸・雨戸	腐食	2	―	それぞれ2年, 30年で交換を検討
	内部建具	木製建具	建付け不良 蝶番異常	随時	随時建付け調整	15〜20年で交換を検討
		ふすま	建付け不良 破損、汚れ	随時建付け調整	2,3年ごと張り替え	15〜20年で交換を検討
		障子	建付け不良 破損、汚れ	随時建付け調整	1,2年ごと張り替え	15〜20年で交換を検討
設備	給水設備	給水管 浄水器	水漏れ 赤水	随時	随時	15〜20年で交換を検討
		水栓器具	水漏れ 止水できない	随時	随時	15〜20年で交換を検討
	排水設備	排水管・トラップ	水漏れ、つまり 封水切れ、悪臭	随時	随時	15〜20年で交換を検討
		浄化槽	悪臭、汚水流出	維持管理契約	随時	建て替え時更新
	ガス設備	ガス管	ガス漏れ ガス管の劣化	随時	ガス管は1〜3年で交換	15〜20年で交換を検討
		給湯器 ガスレンジ	ガス漏れ ガス管の劣化 器具の異常	随時	ガス管は1〜3年で交換	10年くらいで交換を検討

付録　知っておきたい基本用語

　建売住宅を購入する上で、知っていた方が良いと思われる用語を拾い出してみました。専門家向けの教科書ではありませんので、例外的な部分や細かい部分は省略し、必要最低限の説明にとどめました。参考にしてください。

敷地面積
　敷地を真上から見たときの面積のことです。これを水平投影面積と言います。傾斜地の場合、傾斜なりに計算すると水平投影面積よりも大きくなりますが、これは敷地面積とは言いません。なお、前面道路が4mに満たない道路（2項道路）であった場合、その道路中心線から敷地側に水平距離で2mセットバックした線が道路境界線とされ、この線と元々の道路境界線との間の部分については敷地面積に算入されません。したがって、その分敷地面積が狭くなります。

建築面積
　外壁や柱の中心線で囲まれる部分の水平投影面積のことです。外階段がある場合はその面積は建築面積に含みます。ただし、軒、庇、バルコニーなど、外壁や柱の中心線から水平距離で1m以上突き出した部分については、その先端から水平距離で1m後退した部分までの面積は含みません。俗に建坪ともいいます。

床面積、延べ(床)面積
　床面積とは、壁や柱など空間を区画するものの中心線で囲まれる部分の水平投影面積のことです。また、延べ(床)面積とは、各階の床面積を合計したものです。当然ながら地下室がある場合はその面積も含まれます。俗に延べ坪ともいいます。

建物の高さ
　建物の高さとは地盤面からの高さのことを言います。しかし、通常地盤は水平ではありません。したがって、建物が周囲の地面と接する位置の平均を取って地盤面を決定します。木造住宅の場合、棟飾りが取り付けられている場合がありますが、これは高さを計算する上では算入しません。

道路斜線制限
　道路に沿って高い建築物が建ち並ぶと、狭い道路ほど採光、通風が悪くなり心理的にも圧迫感を感じます。また、見た目にも乱雑な街並みとなってしまいます。そこで道路斜線制限という規制が設けられることとなりました。道路沿いの建築物の高さを整えて、環境の保護を図ろうというものです。具体的には、前面道路の敷地と反対側の境界線から建築物までの水平距離に応じて高さが制限されます。住居系の用途地域においては、水平距離の1.25倍まで、商業・工業系の用途地域においては1.5倍までに規制されています。なお、建築物の高さは全面道路の中心からの高さとなります。また、道路斜線制限には、種々の緩和措置や前面道路が2つ以上ある場合の特例もあります。詳しくは業者や専門家に確認することが一番です。

隣地斜線制限

自分の家の隣に高い建築物が建ってしまうと環境面が悪化するばかりでなく、圧迫感を感じることさえあります。隣地の日照や通風条件に悪影響を与えることなく、また、周辺の環境を良好に維持するため隣地斜線制限という規制が設けられています。これも道路斜線制限と同様に建築物の高さに対する制限です。具体的には隣地境界線から垂直に 20 m（住居系の用途地域は 20 m、それ以外では 31 m。低層住居専用地域は、もともと 20 m を超える高さの建築物を建てることができないため、制限はありません）立ち上がった位置から敷地の内側に向かって定められた勾配で引いた斜線が高さの限度となります。勾配については住居系の用途地域が 1：1.25（隣地境界線からの水平距離：その位置における 20 m または 31 m を超えた部分の高さの比）、それ以外は 1：2.5 と定められています。

北側斜線制限

自分の家の南側に高い建築物が建てられ、我が家の日当たりが悪くなってしまったという日照権をめぐる紛争が多発したときに、再発を防止することを目的に導入されました。具体的には、北側隣地境界線から垂直に 5 m（第 1 種および第 2 種低層住居専用地域は 5 m、第 1 種および第 2 種中高層住居専用地域は 10 m。それ以外の用途地域には適用されません）立ち上がった位置から南に 1：1.25（北側隣地境界線からの水平距離：その位置における 5 m または 10 m を超えた部分の高さの比）の勾配で引いた斜線が高さの限度となります。

建築確認

建築物を建築する時、当然ながら建築基準法に定められた事項を遵守しなければなりません。建築基準法では、工事に着手する前、工事の途中（大規模建築物の場合）、工事が完了した時のタイミングで、工事内容（建築物の用途、構造、規模等）が同法に違反していないかどうかを、建築主事または指定確認検査機関が、図面や構造計算書に基づいてチェックしなければならないと定めています。

（建築）確認申請

建築確認の中で、工事に着手する前のチェックを受ける手続きをすることが（建築）確認申請です。図面や構造計算書等設計図書を申請書に添付して提出します。建築主事または指定確認検査機関は、その内容を確認し、問題がなければ確認済証を交付します。建築主は、確認済証の交付を受けなければ、工事に着手してはいけません。

中間検査

大規模建築物については、建築主事等が工程の各段階を指定し、その段階に工事が達するたびに、検査を行います。これを中間検査と言います。木造の場合、大規模建築物とは、階数が 3 以上の建築物、延べ面積が 500 m² 以上の建築物、高さが 13 m を超える建築物、軒高が 9 m を超える建築物のいずれか 1 つ以上に該当する建築物のことを言います。中間検査で問題がなければ、中間検査合格証が交付されます。建築主は、中間検査に合格しなければ、工事を次の工程に進めることはできません。

完了検査

（建築）確認申請をした建築物の工事が完了したら、建築主は建築主事等に対し、完了検査を申

請し、受検します。検査に合格すると、検査済証が交付されます。検査済証がなければ、建築物を使用することができません。ただし、特殊建築物以外は、申請が受理されてから7日間が経過すれば使用することができます。特殊建築物とは、病院、ホテル、学校、飲食店、劇場等を言います。

不燃材料

文字どおり燃えない材料のことです。コンクリート、レンガ、瓦、モルタル、鉄、ガラス、厚さ12mm以上の石膏ボードなどが該当します。

準不燃材料

不燃材料に準ずる材料のことです。不燃材料は無機質材料ですが、準不燃材料はパルプや木材など若干の有機質を含みます。厚さ9mm以上の石膏ボード、厚さ9mm以上の硬質木片セメント板、厚さ6mm以上のパルプセメント板などが該当します。

難燃材料

文字どおり燃えにくい材料のことです。合板に難燃処理を施した5.5mm以上の難燃合板や、厚さ7mm以上の石膏ボードなどが該当します。

防火構造

外壁の内外、軒裏など、火災が発生したときに延焼するおそれがある部分に、2cm以上のラスモルタル塗りした構造、しっくい塗りした構造、外壁の内側に厚さ9.5mm以上の石膏ボードを張った構造などが代表的です。不燃材料を使用すれば、防火構造になると考えるのは間違いです。例えば鉄などは、それ自体が熱を持ち、内側の木材を発火させてしまうことがあるからです。

耐火構造

鉄筋コンクリート造、レンガ造などが代表的です。火災時の火に耐えることができる構造のことです。加えて言えば、火災が終了するまでの間、倒壊や延焼を防止する「耐火性能」を有する必要があります。

耐火建築物

壁、柱、床、梁、屋根等の主要構造部が、鉄筋コンクリート造やレンガ造等の耐火構造となっており、外壁の開口部のうち延焼のおそれのある部分に防火戸等の遮炎性能を有する防火設備を設けた建築物のこと。なお、準耐火建築物とは、主要構造部を準耐火構造(不燃材料の使用等により耐火性能を上げたもの)とした建築物で、一定の防火設備を設けたもの。なお、住宅金融公庫で言う耐火構造は、建築基準法上の耐火建築物のことを意味します。公庫融資を受ける際には注意しなければなりません。

MEMO

MEMO

● 執筆者紹介

土井康次（どい　こうじ）

　1958年生まれ。「特定非営利活動法人　欠陥住宅を防ぎ耐震補強を推進する会」の理事長。欠陥住宅、手抜き工事、各種詐欺事件など、住宅にまつわる諸問題から一般消費者を保護するとともに、耐震診断の重要性、大地震に備えた耐震補強の必要性を広く訴え、地域の安全を地域の住民と協力して築き上げていきたいという思いから、平成17年に同法人を立ち上げた。主たる活動として、「住宅なんでも無料相談」、「耐震出張セミナー」など、一般消費者向けのコンサルティングや啓蒙活動を行っている。

　志を同じくするメンバーと共に、「耐震補強は、地域全体として取り組むべきものである」という認識を共通のものとすべく、地元立川市をホームグラウンドとして精力的に活動している。

特定非営利活動法人　欠陥住宅を防ぎ耐震補強を推進する会

　　所在地　　〒190-0022　東京都立川市錦町 3-1-11
　　電話番号　042-522-6198
　　FAX 番号　042-522-6178
　　URL　　　http://npo-taisin.com/
　　E-mail　　info@npo-taisin.com

絶対に買ってはいけない
欠陥建売住宅の見分け方
「アウトーッ」その住宅は買うな!!　　　　　定価はカバーに表示してあります．

2007年5月　1日　1版1刷発行　　　ISBN 978-4-7655-2489-6 C 3052

監　修　建築監理・耐震診断協会
編　者　欠陥住宅を防ぎ耐震補強を推進する会
発行者　長　　滋　彦
発行所　技報堂出版株式会社
〒101-0051　東京都千代田区神田神保町1-2-5
　　　　　　　　　　　　　　（和栗ハトヤビル）

日本書籍出版協会会員　　電　話　営　業（03）(5217) 0885
自然科学書協会会員　　　　　　　編　集（03）(5217) 0881
工学書協会会員　　　　　FAX　　　　　（03）(5217) 0886
土木・建築書協会会員　　振替口座 00140-4-10
Printed in Japan　　　　http://www.gihodoshuppan.co.jp/

© Kouji Doi, 2007　　　　　装幀　芳賀正晴　印刷・製本　技報堂

落丁・乱丁はお取り替え致します．
本書の無断複写は，著作権法上での例外を除き，禁じられています．

小社刊行図書のご案内

建築用語辞典(第2版)
建築用語辞典編集委員会 編
- A5・1258頁　ISBN:4-7655-2007-2　日本図書館協会選定図書

16,000語を収録した用語辞典です。本書は，1965年の刊行以来，わが国初の本格的な建築学の用語辞典として好評を得ていた初版を大改訂したものです。新材料・新工法に基づく技術の革新，法改正あるいは建築環境の変化を見据え，大幅な差し替えを行っています。旧版の伝統的な建築用語の専門的解説は充分に生かしながら，国際化の立場から中国，韓国，東南アジアの主要用語および電算用語なども新たに採録しています。

マイホームを欠陥住宅にさせないチェックブック —建築記念アルバム—
建築監理・耐震診断協会 編
- AB・128頁　ISBN : 4-7655-2481-7

戸建て木造住宅を新築するときに必須のポイントを写真やイラストなどで易しく解説。見積もりから竣工に至る各段階ごとに，合計655のチェックポイントが簡潔に示されます。良い家を作り上げるためには，建築主と実際に工事を行う人の信頼関係を築き，共に楽しみながらチェックすることが重要です。本書では，工事関係者との記念写真や工事写真を撮って「マイホーム誕生記」をつくる工夫もしました。さらに，読者の質問は，KTKのホームページから無料メールでもお受けします。全頁カラー刷り。

シックハウス事典
日本建築学会 編
- A5・220頁　ISBN:4-7655-2456-6

シックハウス症候群についての一般向き概説書です。症状の説明から始め，原因や予防法，症状が出たときの対処法，困ったときの相談先，家づくり・家選びやリフォームにあたっての注意点等々を，建築学，医学，化学など関連分野の専門家が，Q&A形式の99の項目に分けて簡潔に解説しています。新築，購入，リフォームを考えている方や，実際にシックハウス症候群に悩まされている方々にぜひ一読をお奨めします。

ローコスト注文住宅 —予算と工事のポイント—
矢部明義 著
- B6・158頁　ISBN:4-7655-2422-1

これから家を建てようと考えている方のために，良質な注文住宅をローコストで建てるために必要な知識やポイント，さらには心構えなどをやさしく解説した本です。計画立案の段階から，設計，施工，完成引渡しまでのさまざまな知識，また，たとえば引越しや職人さんへのお茶代，インテリアやエクステリアといった施主として知っておいたほうがよい実用的知識などを，ていねいに説明しています。

木造住宅の耐震設計 —リカレントな建築をめざして—
樫原健一・河村　廣 著
- A5・286頁　ISBN : 978-4-7655-2501-5

「木造」はリカレント性(循環・再生)の面で優れており，将来的にも豊かな可能性を秘めていますが，耐震性を考えた場合，現状は安全性が十分とは言えません。本書では，在来軸組構法の建物を対象として，耐震安全性についての考え方，現状の問題点や解決策について述べるとともに，「仕口ダンパー」による耐震設計・補強法を具体的に提示しました。仕口ダンパー(制震ダンパー)による補強法は「限界耐力計算」や実験に裏づけられたもので，しかも施工が容易で経済的なすぐれた工法です。もちろん多くの実績もあります。本書はこれらのことを，実務者だけでなく一般の方々にも理解していただけるように，できる限り分かり易い言葉で説明してあります。「わが家」を耐震補強しませんか。

■技報堂出版
TEL　編集 03(5217)0881 ／営業 03(5217)0885　FAX 03(5217)0886